Anonymous

Berichte der von industriellen und wirtschaftlichen Vereinen

nach England entsendeten Kommission zur Untersuchung der dortigen

Arbeiterverhältnisse

Anonymous

Berichte der von industriellen und wirtschaftlichen Vereinen
nach England entsendeten Kommission zur Untersuchung der dortigen Arbeiterverhältnisse

ISBN/EAN: 9783743424647

Hergestellt in Europa, USA, Kanada, Australien, Japan

Cover: Foto ©ninafisch / pixelio.de

Manufactured and distributed by brebook publishing software (www.brebook.com)

Anonymous

Berichte der von industriellen und wirtschaftlichen Vereinen

Berichte

der von

industriellen und wirthschaftlichen Vereinen

nach

England

entsendeten Kommission

zur Untersuchung der dortigen Arbeiter-verhältnisse.

Herausgegeben von den betreffenden Vereinsvorständen.

Berlin 1890.
Verlag von Mitscher & Röstell.
Jägerstr. 61a.

Einleitung.

Im Sommer des vergangenen Jahres war, nach vorheriger Verständigung, von mehreren wirthschaftlichen und industriellen Vereinen der Beschluß gefaßt worden, eine Kommission nach England zu entsenden, welche den Zweck hatte, sich aus eigener Anschauung über die dortigen Arbeiterverhältnisse näher zu unterrichten. In erster Reihe sollten die Streitigkeiten zwischen Arbeitgebern und Arbeitern und die Maßnahmen zur Verhütung bezw. Beilegung solcher Streitigkeiten ins Auge gefaßt werden. Damit war der Kommission die besondere Aufgabe ertheilt, sich mit den englischen Arbeiterorganisationen, den Trade Unions, und dem Wesen und Wirken derselben zu beschäftigen.

Die eingangs erwähnten Vereine waren:
- der Centralverband deutscher Industrieller in Berlin;
- der Verein zur Wahrung der wirthschaftlichen Interessen von Handel und Gewerbe in Berlin;
- der Verein zur Wahrung der gemeinsamen wirthschaftlichen Interessen in Rheinland und Westfalen in Düsseldorf;
- die Nordwestliche Gruppe des Vereins deutscher Eisen- und Stahlindustrieller in Düsseldorf;
- der Verein für die bergbaulichen Interessen im Ober-Bergamtsbezirk Dortmund in Essen a. d. Ruhr.

Die zu entsendende Kommission ward gebildet aus den Herren:
Dr. Beumer-Düsseldorf, Generalsekretär des Vereins zur Wahrung der gemeinsamen wirthschaftlichen Inter-

essen in Rheinland und Westfalen und der Nordwestlichen Gruppe des Vereins deutscher Eisen- und Stahlindustrieller;

H. A. Bueck-Berlin, Geschäftsführer des Centralverbandes deutscher Industrieller, und

Th. Möller-Kupferhammer bei Brackwede, Fabrikbesitzer.

Dieser Kommission hatte sich der Fabrikbesitzer Herr Caron-Ranenthal bei Rittershausen-Barmen angeschlossen.

Die Kommission trat ihre Reise am 24. September 1889 an und kehrte, nachdem sie alle bedeutenden Industriebezirke in England und Schottland besucht hatte, am 21. Oktober desselben Jahres zurück.

Im Verlaufe ihres Aufenthaltes in England hatte die Kommission fünf vertrauliche Berichte abgefaßt, deren jeder, sofort nach der Fertigstellung, dem Bureau des Centralverbandes in Berlin zur Vervielfältigung und Versendung an die Mitglieder der Vorstände der vorerwähnten Vereine übermittelt wurde.

Diese tagebuchartigen Berichte hatten den Zweck, die gemachten Beobachtungen und das in den vielfachen Unterredungen mit Personen aus den verschiedensten Berufen und Lebensstellungen Gehörte festzulegen; ferner den Vorständen fortlaufende Mittheilungen über die Thätigkeit der Kommission zu machen.

Nach der Rückkehr der Kommission verständigten sich die Vereinsvorstände dahin, die Kommission zu beauftragen, einen eingehenden Bericht abzugeben und denselben einer am 13. Dezember 1889 abzuhaltenden Plenarversammlung der Vorstände der genannten Vereine zur weiteren Verhandlung zu unterbreiten.

Dieser Anweisung entsprechend ist, auf Grund der erwähnten, von Generalsekretär Bueck abgefaßten fünf Berichte und des von der Kommission mitgebrachten umfassenden Materials, von Generalsekretär Dr. Beumer ein Bericht erstattet worden.

In der Versammlung selbst, welche am 13. Dezember 1889 unter dem Vorsitz des Geh. Kommerzienraths Herrn Schwartzkopff,

Vorsitzenden vom Direktorium des Centralverbandes deutscher Industrieller, stattfand, wurde der im Druck vorliegende Bericht noch durch Mittheilungen seitens der einzelnen Kommissionsmitglieder ergänzt.

Die Versammlung beschloß, diese Berichte einer Kommission zur weiteren Behandlung zu überweisen und dieselben so schnell als thunlich dem Wortlaute nach zu veröffentlichen. Diesem letzten Beschlusse wird hiermit nachgekommen.

Berlin, im Januar 1890.

Im Auftrage der erwähnten Vereinsvorstände:

Das Direktorium
des
Centralverbandes deutscher Industrieller.

Der Bericht, welcher der Versammlung am 13. Dezember 1889 im Druck vorlag, lautete wie folgt:

Das englische Arbeitervereinswesen gliedert sich im Wesentlichen nach vier verschiedenen Richtungen und zerfällt in

        1. Friendly Societies,
        2. Cooperative Societies,
        3. Building Societies,
        4. Trade Unions.

Die letzteren haben für uns an dieser Stelle das hervorragendste Interesse; der Vollständigkeit halber sei aber über die drei ersteren Arten des Vereinswesen Nachfolgendes bemerkt:

Die Friendly Societies sind auf Gegenseitigkeit gegründete Versicherungsanstalten, welche neben Arbeitern auch Bürger der Mittelklasse und selbst der oberen Stände zu Mitgliedern zählen. Sie bezwecken die Versicherung gegen Arbeitsunfähigkeit (Krankheit, Unfall und Invalidität) und gewähren ein Begräbnißgeld oder einen limitirten Betrag auf den Todesfall des Mitgliedes selbst, seiner Gattin oder seiner Kinder. Ferner können Renten für die Wittwen der Mitglieder und Erziehungsbeiträge für die Waisen bis zu einem gewissen Alter versichert werden. Außerdem kommt die Versicherung von Reisebeträgen vor, die zahlbar sind, wenn ein augenblicklich arbeitsloses Mitglied, um Arbeit zu suchen, auf Reisen geht; ferner Versicherung von Unterstützungen für Fälle der Noth (in distressed circumstances), Versicherung ärztlicher Hilfe und des Bezugs von Medikamenten — meist mit der Krankenversicherung verbunden —, endlich Versicherung des Handwerkszeuges gegen Feuer, des Verlustes an Fischerbooten, Netzen u. dergl. Auch Sparbanken sind stellenweise mit den Friendly Societies verbunden. Manche derartige Genossenschaften betreiben zugleich auch die Pflege eines gewissen geselligen Verkehrs unter ihren Mitgliedern und verfolgen Zwecke der Bildung und Erziehung.

Die Friendly Societies haben infolge mangelhafter versicherungstechnischer Grundlagen, eingerissener Mißbräuche u. s. w., Zeiten schwerer Krisen durchzumachen gehabt, in denen das Recht des Individuums manchmal sehr beeinträchtigt wurde. Diese Krisen scheinen aber nach erfolgter

Registrirung der Vereinigungen, welche eine Unterordnung unter gewisse gesetzliche Vorschriften bezüglich ihrer versicherungstechnischen Verwaltung und Kapitalanlage mit sich brachte, nunmehr überwunden zu sein.

Eine besondere Abtheilung der F. S. bilden die Arbeiterorden, die, auf freimaurerischer Grundlage errichtet, ein zum Theil geheimnißvolles Ritual haben und den Zusammenhalt ihrer Mitglieder durch Rath und That, durch Geselligkeit u. s. w. pflegen, als Hauptzweck aber eine großartige Versicherungsthätigkeit in Bezug auf Fälle der Krankheit (sick benefit), des Begräbnisses (funeral benefit) und seit mehreren Jahren auch in Bezug auf Invalidität (superannuation benefit) betreiben. Diese Arbeiterorden haben über 2 Millionen Mitglieder; die bedeutendsten sind der „Independent order of Odd Fellows", auch „Manchester Unity" genannt, mit etwa 600 000 Mitgliedern, und „The Ancient order of Foresters", der schon 1882 nicht weniger als 583 799 Mitglieder hatte. Diese in zahlreiche „Höfe" oder „Logen" zerfallenden Orden haben die Elite des englischen Arbeiterstandes und Handwerker, daneben aber auch Handlungsgehilfen und Angehörige des kleinen Mittelstandes zu Mitgliedern. Die Bedeutung dieser Orden mag dadurch illustrirt werden, daß die „Manchester Unity" in dem Zeitraum von 1873 bis 1883 nach Wilkinson im Ganzen eine Einnahme von 7 108 000 Lstrl.,

und zwar an Beiträgen von Mitgliedern . . . . 5 438 000 Lstrl.

an Zinsen für ihre Kapitalien . . . . 1 670 000 „

hatte. Die Ausgaben betrugen im Ganzen 4 913 000 Lstrl.

und zwar an Krankengeld . . . . 3 838 000 Lstrl.

an Begräbnißgeld . . . . 1 075 000 „

Das Kapital belief sich 1873 auf 3 412 000 Lstrl. (d. h. über 7 Lstrl. per Mitglied), im Jahre 1883 auf 5 519 000 Lstrl. (d. h. 9½ Lstrl. per Mitglied).

Die Cooperatives Societies sind Konsumvereine, welche seit 1844 nach dem Vorbilde der „Rochdale equitable pioneers" sich durchweg zu großartigen Unternehmungen entwickelt haben und den billigen Bezug für Material-, Fleisch- und Schnittwaaren, Kleidungsstücken, Schuhwaaren u. s. w. bezwecken und eigene Schlächtereien, Bäckereien, Dampfmühlen, Lesezimmer, Fortbildungsschulen u. dergl. unterhalten.

Die Building Societies sind Bausparkassen und Hypothekenbanken. Sie bauen nicht die Häuser selbst, sondern sammeln durch periodische Beiträge der Mitglieder einen Fonds, um aus demselben den Mitgliedern Darlehen zum Ankauf bezw. Bau eines Hauses zu geben. Zu diesem Zweck nehmen sie aber auch Depositen an und Gesellschaftsanlehen auf. Jedes Mitglied muß wöchentlich während einer bestimmten Zeit — meist 13½ Jahre — eine Spareinlage von bestimmter Höhe machen. Diese wird ihm mit 4½ bis 5 Prozent verzinst — manchmal ist der Zinsfuß auch niedriger — und die Zinsen werden dem Kapital zugeschrieben. Das Mitglied erhält auf

Wunsch ein Darlehen zum Hausbau oder Hauskauf bis $3/4$ bezw. $4/5$ des Werthes, unkündbar, aber in wöchentlichen Ratenzahlungen zu verzinsen und zu amortisiren. Auf diese Weise kann das Mitglied in der Regel binnen $13^1/_2$ Jahren durch wöchentliche Entrichtung eines Beitrags, der den sonst von ihm zu zahlenden Miethszins nicht wesentlich übersteigt, freier Eigenthümer eines kleinen Hauses werden. Die Mitgliedschaft in den Building Societies ist nicht auf Arbeiter beschränkt, wie wir denn beispielsweise in Bradford den Redakteur des dortigen „Observer" als Besitzer eines auf diesem Wege erworbenen Hauses kennen lernten.

Im Uebrigen erblicken wir wohl nicht mit Unrecht in den vorstehend kurz skizzirten drei Formen des englischen Arbeitervereinswesens entscheidende Merkmale der ganzen Entwickelung des englischen Arbeiterstandes. Alle diese Institutionen,*) auch wie später gezeigt werden wird, die Trade Unions, führen zwar eine getrennte Existenz und sind durch selbständige, von einander ganz unabhängige genossenschaftliche Organisationen repräsentirt, in dem Zusammenwirken aller dieser Verbände aber liegt das Geheimniß ihres Erfolges. In ihnen allen kommt die Kraft der Einigung, die Fähigkeit, sich der Führung Anderer unterzuordnen, sowie die Hartnäckigkeit und Energie in der Verfolgung gesteckter Ziele zum Vorschein, und der englische gelernte Arbeiter hat, ohne daß die Verbesserung seiner Verhältnisse Gegenstand eines Regierungsplans gewesen wäre, Bewundernswerthes erreicht. Er hat nicht blos Interessen verfolgt, sondern sich Pflichten auferlegt und sich zu jener Selbständigkeit (self dependence) erzogen, die einen Ruhm darin sieht, selbst für die eigene Zukunft zu sorgen, eine Selbständigkeit, die wir leider in Deutschland bei einem großen Theil auch der „gelernten Arbeiter" nur allzusehr vermissen.

Auch die vierte und wichtigste Form der Arbeitervereinigungen in England, die der Trade Unions, eine Form, von der schon Ludlow in seinem Buche über die Fortschritte der arbeitenden Klasse in England gesagt hat, daß, wenn die erfahrensten Arbeiter Englands darüber abstimmen sollten, welche ihrer Organisationen sie selbst für die wichtigsten hielten, vier Fünftel ohne Weiteres auf die Trade Unions hinweisen würden, hat sich in völlig freier Weise, ohne irgend welches Eingreifen von Seiten der Regierung, entwickelt. Ursprünglich reine Kampfgenossenschaften, deren Wirken schroff und gewaltthätig, ja nicht ohne Blutvergießen in die Oeffentlichkeit trat, haben die Trade Unions auch heute noch eine Frage als die wichtigste, nächste und praktischste durchaus im Vordergrunde: die Lohnfrage, welche die Versicherung gegen Arbeitslosigkeit einschließt. Hinter dieser Frage tritt das übrige Versicherungswesen (gegen Krankheit, Unfall, Tod) durchaus in den Hintergrund, ja eine Reihe von Trade Unions kennen diese Seite der

---

*) Vgl. Dr. J. M. Baernreither, „Die englischen Arbeiterverbände" S. 154 ff.

Thätigkeit gar nicht, und es ist deshalb durchaus falsch, wenn G. Schönberg in seiner Volkswirthschaftslehre (II. Band, S. 646) sagt: „Die englischen Gewerkvereine sind auch Hilfs- und Unterstützungskassen.... Alle gewähren ihren Mitgliedern eine Unterstützung für den Fall der Arbeitslosigkeit, der Krankheit, der Arbeitsunfähigkeit durch unverschuldete Unfälle oder Alter und des Todes."

So beschäftigt sich, um nur ein Beispiel anzuführen, die „National Association of Blastfurnacemen" in Middlesborough in keiner Form mit der Versicherung ihrer Mitglieder, und der Sekretär derselben, Mr. Snow, führte uns folgenden Grund für dieses Verhalten an. Er meinte, die Aufgabe der Trade Unions bestehe darin, Streiks zu vermeiden, nicht solche hervorzurufen oder zu begünstigen. Sammelten die Trade Unions aber größere Fonds an, wie solches gewöhnlich mit dem gleichzeitigen Betriebe der Versicherung der Fall sei, so werde die Versuchung, Streiks in Szene zu setzen, begünstigt, und es werde dieselbe um so größer sein, als eine Trennung der Fonds den verschiedenen Zwecken der Versicherung entsprechend nicht stattfinde, und der allgemeine Fonds daher leicht zu Streikzwecken verwendet werden könne.

Es ist daher ein — anfänglich auch von uns gehegter — Irrthum, daß der Einfluß der Leiter der Trade Unions auf die Arbeiter lediglich auf die Unterstützung zurückzuführen sei, welche diese Vereinigungen ihren Mitgliedern bei Krankheiten, Unfällen, Invalidität und im Falle der Arbeitslosigkeit gewähren. So sehr uns von manchen Seiten ein derartiger Einfluß zugestanden wurde, so allgemein begegneten wir doch — namentlich auch bei dem ruhig und besonnen urtheilenden Labour correspondent im Board of trade, Mr. Burnett — der Ansicht, daß die Autorität der Arbeiterführer in der Hauptsache auf dem Ansehen beruhe, welches diese Leiter genießen, und auf der moralischen Kraft, welche sie ausüben. Der englische Arbeiter, der diese Männer aus freiem Willen in ihre leitende Stellung eingesetzt hat, betrachtet es als Ehrensache, sich ihren Entscheidungen zu unterwerfen, auch wenn sie gegen sein vermeintliches Interesse ausfallen.

Das Gefühl der Zusammengehörigkeit bewirkt mehr und mehr ein Streben der Trade Unions zur Centralisation. Unter den Trade Unions der gleichen Gewerbe besteht die vielfach schon in die Wirklichkeit übergeführte Tendenz, sich zu „amalgamiren" und Verbände zu bilden, die durch Zweigvereine über das ganze „united kingdom" verbreitet sind. Daneben haben die Trade Unions verschiedener Gewerbe in den bedeutenderen Fabrikorten Fühlung mit einander durch die sog. Trade Councils. Die Spitze der Trade Unions bildet das parliamentary Committee in London, d. h. eine aus Tradeunionisten, die zugleich Parlamentsmitglieder sind, zusammengesetzte Kommission. Alljährlich findet auch ein von fast sämmtlichen Trade Unions beschickter „Trade Union-Kongreß" statt, der jüngste (XXII.) im September 1889 in Dundee, auf welchem 210 Delegirte (männliche und weibliche) anwesend waren, welche 845 700 Mitglieder der Trade Unions vertraten. Man ersieht daraus die bedeutende Zunahme dieser Vereinigungen,*) da in den vom Handelsministerium 1887 herausgegebenen offiziellen „Statistical Tables and Report on Trade Unions" vom Labour Correspondent Mr. Burnett die Zahl der Trade Unions für 1886 nur auf 252 mit rund 600 000 Mitgliedern geschätzt wird.

Die eben genannte Veröffentlichung bietet in einem geschichtlichen Abschnitt über die Entwickelung der Trade Unions ein vortreffliches Material zur Beurtheilung der Zwecke und Ziele dieser Vereinigung im Allgemeinen. Das Handelsministerium erkennt ausdrücklich an, daß im Gegensatze zu früheren Zeiten „heutzutage Arbeitsstreitigkeiten keine Aufstände und Empörungen mehr herbeiführen. Die Gewerkvereinler sind bessere Bürger geworden; die Vereinsthätigkeit findet jetzt öffentlich, nicht mehr im Dunkeln statt; ebenso ist die öffentliche Meinung für die Gewerkvereine günstiger geworden." In der Thatsache, „daß durch vereintes Handeln Resultate erzielt werden können, die zu erreichen Einer allein machtlos ist", findet das Handelsministerium „die Berechtigung für das Bestehen der Gewerkvereine".

Es wird weiter ausgeführt, daß sich Vereinigungen von Fabrikanten und solche von Arbeitern jetzt gleichberechtigt gegenüberstehen. „Die friedliche Erledigung der Streitpunkte wird jetzt erreicht, während früher die Erledigung durch Gewalt herbeigeführt wurde. Strikes sind natürlich noch nicht ganz überflüssig geworden, aber es besteht die Tendenz, sie thunlichst zu vermeiden, und die Trade Unions tragen ihr Theil hierzu bei. Aber dieses Resultat in der Stellung der Arbeiterorganisationen ist nur durch ununterbrochene Arbeit und Agitation des Volkes herbeigeführt worden. Bis zum Jahre 1869 waren die Trade Unions zwar geduldet, aber sie hatten keinen gesetzlichen Schutz; wiederholte Entscheidungen der Gerichtshöfe brachten die Vereine in eine solche Lage, daß sie nicht einmal die Macht besaßen, die Verhaftung eines ungetreuen Beamten, welcher sich an den Geldern der Vereinigung vergriffen hatte, durchzusetzen. Eine königliche Kommission, welche in Bezug auf die Verfassung und die Arbeiten der Gewerkvereine eine Enquête zu veranstalten hatte, wurde 1865 eingesetzt; die angestellten Ermittelungen ergaben ein solches Resultat, daß sich die Kommission zu dem Verlangen berechtigt hielt, die Gesetzgebung habe die rechtliche Stellung der Gewerkvereine klarer zu stellen und dürfe deren Kapitalien nicht ganz ohne Schutz lassen. Ein Nothgesetz wurde in Folge dessen 1869 erlassen. Im Jahre 1871 folgte der Trade Union Act, welcher die gerichtliche Eintragung (registration) der Trade Unions vorschrieb und

---

*) Dieselben sind in stetem Wachsthum begriffen, zumal auch die unskilled men, von denen allein John Burns über 200 000 in wenigen Wochen organisirte, sich nunmehr zu Trade Unions zusammenzuschließen beginnen.

ihren Geldern einigen Schutz gewährte. Unter diesem Gesetz wurde es jedoch üblich, die Registrirung eines Gewerkvereins von dem Nachweis abhängig zu machen, daß er nicht zu einer Einschränkung des Gewerbes führe (restraint of trade). Ferner wurde zugleich mit dem Trade Union Act ein „Criminal Law Amendement Act" erlassen, dessen Ausführung die günstige Wirkung des „Trade Union Act" aufhob, weil dadurch aufs Neue — nur in anderer Form — die gerichtliche Unfähigkeit der Tradeunionisten ausgesprochen wurde. Viele der bedeutendsten Gewerkvereine weigerten sich daher, sich eintragen zu lassen. Eine weitere kräftige Agitation folgte. Die 1876 stattgehabte Annahme des Mundella'schen Amendements zum Trade Union Act beseitigte jede gesetzliche Schädigung, über welche die Vereinigungen bis dahin sich zu beklagen hatten. Als Resultat ist zu verzeichnen, daß heute beinahe jeder Gewerkverein registrirt ist und dieselbe Stellung einnimmt wie jede andere gewerbliche Vereinigung. Zu gleicher Zeit wurde der alte „Master and Servant Act" aufgehoben, nach welchem der Arbeiter wegen eines Kontraktbruchs zu Gefängnißstrafen verurtheilt werden konnte,*) während der Arbeitgeber für gleiche Vergehen nur civilrechtlich haftbar war. An die Stelle dieses Gesetzes trat der Conspirary and Protection of Property Act, welcher nicht nur diese Ungleichheit beseitigte, sondern auch die Rechte der Unions in Gewerbestreitigkeiten festsetzte. Dadurch ist es unmöglich geworden, daß Arbeiter, welche einen Streik organisiren, dem gegen Verschwörungen gerichteten Gesetze unterworfen werden."

Was nun die Organisation der Trade Unions anbelangt, so ist dieselbe, wenn die Vereinigung nur eine lokale ist, ziemlich einfach. Das Statut wird besonders mit Rücksicht auf das spezielle Gewerbe oder dessen Branchen abgefaßt, unter Anpassung an die Verhältnisse des Ortes, in welchem die Vereinigung besteht. Die Zahl dieser reinen Lokalvereine ist sehr groß.

In den großen centralisirten Organisationen ist dagegen das System der Vereinigung sehr ausgedehnt. Die „Amalgamated Society of Carpenters and Joiners", die „Amalgamated Society of Engineers", die „Steam Engine Makers Society", beispielsweise, erstrecken ihre Thätigkeit auch über das Ver. Königreich hinaus.

Charakteristisch heißt es in der Vorrede zu den Rules der erstgenannten Society: „Die Vereinigung bildet für das Gewerbe ein Band der Einigung in allen Welttheilen. Auch wenn der Ozean uns von einander trennt, so bleiben unsere Interessen doch dieselben. Wenn wir uns unter der gleichen Verfassung einigen, dem gleichen Statut unterwerfen, eine gemeinsame Kasse haben, an die sich zu wenden Jedem, wo er auch verweilen mag, möglich ist, so erlangen wir eine Macht, welche, wenn sie innerhalb der gesetzlichen Schranken angewendet wird, unsere Interessen wirksamer

---

*) Was in Schottland noch heute der Fall ist.

schützen und größere Vortheile verschaffen wird, als vermittelst irgend eines einzelnen Vereins möglich sein wird."

In Folge dessen umfaßte die Society am Schluß des Jahres 1886 im Ganzen 440 Vereine, welche, wie folgt, vertheilt waren: England 338, Schottland 15, Irland 70, die Ver. Staaten von Amerika 25, Canada 6, Neu-Seeland 10, Australien 22, Südafrika 4, mit zusammen 25781 Mitgliedern.

Aehnliche Zahlen liegen für die zweitgenannte Gesellschaft vor bei 432 Vereinen und einer Mitgliederzahl von 5168 Köpfen. Von Trade Unions, welche lokaler Art sind oder sich wenigstens auf Großbritannien beschränken, sind vor Allem zu nennen die Unions Associations of Durham, Yorkshire, Northumberland, Lancashire, Derbyshire, die Amalgamated Cotton Spinners und die Cotton Weavers of Lancashire, die united Society of Boilermakers and Ship Builders, die North Wales Quarrymen, die Lacemakers of Nottingham und die London Society of Compositors. Die zuletzt genannte Union mit 6435 Mitgliedern ist die größte und best organisirte*) von denen, welche sich auf eine Stadt beschränken. Kleinere Vereinigungen giebt es in Menge.

Die Organisation beginnt mit der Zusammenfassung der einzelnen Mitglieder in lokale Zweigvereine; aus letzteren werden Distriktverbände gebildet; alle Vereine zusammen sind einer Centralbehörde oder einem Exekutivkomitee unterworfen. Die Beiträge der Mitglieder werden an den Zweigverein abgeführt; dieser leistet auch die Vergütungen, auf welche die Mitglieder Anspruch haben. Jeder Zweigverein hat zu den Kosten des Verbandes und der Centralverwaltung beizutragen. Letztere werden jedes Jahr auf den Durchschnittswerth pro Mitglied erhoben. Denjenigen Zweigvereinen, welche in ihrem Besitz weniger als den Durchschnittswerth per Kopf haben, wird die Differenz von den Vereinen, welche mehr haben, vergütet. Zweigvereine, welche in Folge von Streitigkeiten, schlechtem Geschäftsgang oder anderen Ursachen ihre Gelder vor der Ausgleichsperiode verbrauchen, werden von Vereinen, die über mehr Mittel verfügen, unterstützt. Man kann deshalb sagen, daß der ganze Fonds einer solchen Organisation jederzeit von irgend einer Stelle für die von den Statuten bestimmten Zwecke zur Verfügung steht. Innerhalb gewisser, vom Statut festgesetzter, Grenzen hat jeder Zweigverein das Recht der Selbstverwaltung; wenn er jedoch das Statut verletzt, kann das Exekutivkomitee einschreiten und dafür Sorge tragen, daß die Gesetze der Gesellschaft streng inne-gehalten werden. Um den Zweigvereinen, Beamten und Mitgliedern die Uebertretung der Statuten zu erschweren, hat jedes Mitglied das Recht, beim Exekutivkomitee Beschwerde zu erheben.

---

*) Seit den letzten drei Jahren aber von socialdemokratischen Einflüssen beherrscht.

Jeder Zweigverein hat ferner außer den nöthigen Beamten eine Kommission, welche in Angelegenheiten, die ausschließlich den Zweigverein und dessen Mitglieder betreffen, die Entscheidung zu treffen hat. Die Thätigkeit der Kommission unterliegt jedoch der Genehmigung des Zweigvereins. Es ist die Pflicht jedes Zweigvereinssekretärs, am 1. eines jeden Monats dem Exekutivkomitee eine genaue Aufstellung über die Anzahl der Mitglieder, welche keine Arbeit haben, krank oder invalide sind, einzusenden, und zwar nach dem Stande am Ende eines jeden Monats. Auf diese Weise erhält die Gesellschaft von jedem Zweigverein ein Material, welches über die Schwankungen des Geschäfts in allen Theilen des Gebiets, über welches sich die Gesellschaft erstreckt, Auskunft giebt. Am Ende eines jeden Quartals und — im Detail — am Ende eines jeden Jahres hat der Zweigvereinssekretär an das Exekutivkomitee zur Veröffentlichung eine Zusammenstellung der Einnahmen und Ausgaben zu liefern, welche genau festzustellen ist. Die Abrechnungen der Gesellschaft werden veröffentlicht und den Zweigvereinen zur Kenntnißnahme zugesandt. Die ausführlichen Berichte mancher Gesellschaften umfassen Bände von beträchtlichem Umfang.

Im Allgemeinen wird von den Mitgliedern ein Beitrag von 1 sh. per Woche erhoben,*) der aber je nach Bedürfniß erhöht wird. Es kam sogar vor, daß von einigen Gesellschaften 2 sh. 6 d. per Woche auf längere Zeit erhoben wurden. Für außerordentliche Bedürfnisse werden noch besondere Beiträge umgelegt. Vergütungen an Arbeitslose werden im Allgemeinen nur von Vereinen geleistet, die sich ausschließlich auf das Inland erstrecken; aber Vergütungen dieser Art bilden den Hauptpunkt bei den Ausgaben. Die Engineers Society giebt an Arbeitslose Unterstützungen (donation benefit) in folgender Höhe:

10 sh. per Woche für 14 Wochen
7 „   „   „   „ 30   „
6 „   „   „   „ 60   „

Zahlreiche Schutzmaßregeln sind getroffen, um zu verhüten, daß ein Mißbrauch mit diesen Vergütungen getrieben werde. Auch müssen die Mitglieder, denen eine solche Vergütung zu Theil wird, bereit sein, irgend eine Arbeitsstelle, die ihnen nachgewiesen wird, sofort anzunehmen. Eisenbahnfahrt zur neuen Arbeitsstelle wird vergütet. Jedes dieser Mitglieder muß fast jeden Tag seinen Namen in ein Buch eintragen und dem Sekretär berichten. Am Ende eines jeden Monats hat der Zweigvereinssekretär eine Aufstellung über die Zahl derer, welche das „donation benefit" sowie Vergütungen anderer Art erhalten, auszufertigen. Diese Berichte, welche veröffentlicht werden, geben zur Information für die Arbeitslosen Auskunft über die Lage des Geschäfts.

---

*) Für reine Trade Union-Zwecke weniger, z. B. bei der Union der Durhamer Kohlenbergleute 3 d. per Woche.

Die Vergütung für Arbeitslose, welche den Gemeinden in vielen Fällen die Armenunterstützung erspart, führt zugleich zur Organisation eines Arbeitsnachweisebureaus. Der hohen Kosten wegen, welche das „donation benefit" verursacht, hat jeder beschäftigte Arbeiter das bringendste Interesse, seinen beschäftigungslosen Kameraden Arbeit zu verschaffen. Ist die Arbeitslosigkeit durch Strike oder sonstige Streitigkeiten entstanden, so wird außerdem noch aus dem Streitfonds (dispute fund) weitere Vergütung gewährt.

Diejenigen Gewerkvereine, welche Krankenunterstützung zahlen, beziffern dieselbe auf 5 bis 10 sh. per Woche.

Bei hohem Alter (Invalidität) wird gleichfalls eine Vergütung (superannuation benefit) gewährt, die sehr verschieden an Höhe ist. Sie schwankt zwischen 7 und 10 sh. per Woche. Jemand, der über 55 Jahre alt ist und 25 Jahre dem Verein angehört, erhält beispielsweise bei der Amalgamated Society of Engineers 7 sh. per Woche.

Mitglieder, die von einem schweren Unfall betroffen werden, erhalten im Ganzen die Summe von 100 Lstrl. und verlieren damit den Anspruch auf die meisten übrigen Entschädigungen. Man nimmt an, daß solche Mitglieder sich mit Hilfe dieses Kapitals und durch irgend welche leichte Beschäftigung ihren weiteren Lebensunterhalt verschaffen können. Die bei Beerdigungen zu zahlende Unterstützung schwankt zwischen 10 und 12 Lstrl. Nur wenige Trade Unions zahlen Unterstützungen an Wittwen und Waisen.

Wenn die Invalidenunterstützung nicht als ein von einem bestimmten Alter an geltendes Recht betrachtet wird, so kann über dieselbe nur das Exekutivkomitee entscheiden. Dasselbe ist bei Geldern aus dem Streitfonds der Fall.

Ohne Genehmigung des Exekutivkomitees darf ein Strike nicht begonnen werden. Die Regelung der Streitfälle zwischen Arbeitgebern und Arbeitnehmern ist, wie weiter unten gezeigt werden wird, bei den verschiedenen Trade Unions eine sehr verschiedene. Im Allgemeinen bemerkt darüber der ministerielle Report:

„Handelt es sich um geschäftliche Streitfälle: Lohnfrage, Ueberstunden u. dergl., so liegt bei einer kleinen Vereinigung die Entscheidung in den Händen der Mitglieder, wenn dieselben sie nicht in die Hände des Exekutivkomitees legen. Größere Vereinigungen setzen ein aus Delegirten bestehendes mit großen Vollmachten ausgestattetes Distriktkomitee ein. Der Geschäftsgang ist dann folgender: Liegt z. B. seitens einer Fabrikantenvereinigung eine Lohnreduktion vor, so tritt das Distriktkomitee zusammen und entscheidet über die Art des Vorgehens. Das Resultat der Verhandlungen wird dem Exekutivkomitee mitgetheilt, welches seine Zustimmung zu den Beschlüssen ertheilt oder ein anderes Verfahren vorschlägt. Wenn aus den in Uebereinstimmung mit dem Exekutivkomitee gefaßten Beschlüssen ein Strike oder lock-out entsteht, so erhalten die Mitglieder die für solche Fälle bestimmten Extravergütungen." Bezüglich der Mitgliedschaft in den Trade

Unions bemerkt der Bericht des Handelsministeriums, daß es falsch wäre, zu sagen, die meisten Arbeiter des Ver. Königreichs gehörten den Gewerkvereinen an; aber ihre Mitglieder bilden die Blüthe der Arbeiter in einem Gewerbe.*) Je mehr Arbeiter eines Gewerbes einer Union angehören, eine desto größere Wirksamkeit kann dieselbe entfalten. So sehr daher die Trade Unions sich bemühen, möglichst viele Mitglieder zu erlangen, ebenso große Vorsicht müssen sie bei der Wahl derselben zeigen. Da meistens Männer, welche sehr wenig leisten können, außer Arbeit stehen, so muß eine Union, welche Unterstützungen an Arbeitslose bezahlt, nur möglichst leistungsfähige Arbeiter aufnehmen. Ebenso müssen diejenigen Vereinigungen, welche Krankenunterstützung u. dergl. gewähren, darauf sehen, daß thunlichst nur gesunde Personen als Mitglieder aufgenommen werden. „Daß ein Arbeiter", so fährt der ministerielle Bericht wörtlich fort, „einem Gewerkverein angehört, stellt deshalb von vornherein ein günstiges Zeugniß für ihn aus, und darin liegt auch die Berechtigung, daß ein Tradeunionist verpflichtet wird, nicht unter einem, von seiner Union bestimmten Minimallohn zu arbeiten. Es ist dies nichts Unbilliges, denn eine Union nimmt nur dann Jemanden als Mitglied auf, wenn derselbe den Durchschnittslohn, der in dem betreffenden Gewerbe bezw. in dem betreffenden Bezirk bezahlt wird, verdient." Das Lehrlingswesen erfährt durch die Trade Unions eine wesentliche Beschränkung, da seitens der meisten dieser Verbindungen den betreffenden Werken nur eine bestimmte Anzahl von Lehrlingen zu halten erlaubt wird, die eine Lehrzeit von 5 bis 7 Jahren zu bestehen haben.

Es mag nunmehr eine kurze Uebersicht über die Art und Weise folgen, in welcher Streitigkeiten zwischen Arbeitgebern und Arbeitnehmern seitens der Trade Unions bezw. der ihnen gegenüberstehenden Arbeitgeber-Assoziationen behandelt werden. Naturgemäß werden dabei nur die für unsere Vereinsmitglieder in erster Linie in Betracht kommenden Branchen berücksichtigt, zunächst

A. Der Kohlenbergbau.

Sowohl im Durhamer als im Northumberlander Bezirk besteht die Einrichtung der „Joint Committees" (Vereinigte Komitees). Ein solches Komitee hat mit Ausnahme derjenigen vielen individuellen Fälle, in denen eine Einigung durch die Verhandlung zwischen den Sekretären beider Parteien herbeigeführt wird, alle Fragen, außer sogenannten Grafschaftsfragen, welche die Industrie im Allgemeinen betreffen, zu besprechen, also Löhne, Gebräuche der Arbeit und irgendwelche anderen Fragen, wie sie von

---

*) Dies Verhältniß hat sich bereits heute durch die Organisation der unskilled men, worüber weiter unten gesprochen werden wird, wesentlich geändert. Auch das nachfolgende Lob des Handelsministeriums erfährt durch die Thatsache dieser Organisation eine wesentliche Einschränkung.

Zeit zu Zeit in den Gruben sich erheben. Es werden 6 Arbeiter von der Union, 6 Arbeitgeber von der Assoziation der Grubenverwaltungen gewählt. Dieselben bestimmen eine 13. Person als Vorsitzenden, meist einen Juristen. Anträge müssen schriftlich durch Vermittelung der beiderseitigen Vereinsbeamten gestellt werden. Vier Tage vor der Sitzung wird beiden Parteien die Tagesordnung mitgetheilt. Streitigkeiten werden theils in der Sitzung des joint committee sofort entschieden, theils werden zur Feststellung des Thatbestandes zwei Berichterstatter (1 Arbeitgeber, 1 Arbeiter) erwählt, die in der folgenden Sitzung entweder zu referiren haben oder die Sache endgiltig, nöthigenfalls mit Hilfe eines unparteiischen Dritten, zu entscheiden haben.

Die Hauer werden nach der Tonne geförderter Kohle bezahlt. Erhalten sie eine Lohnerhöhung, so wird derselbe Prozentsatz auf alle anderen Löhne, ob Stück- oder Zeitlöhne, geschlagen bezw. bei Lohnreduktionen abgezogen. Die Festsetzung der Durchschnittslöhne bildet eine sogenannte Grafschaftsfrage, gehört daher nicht vor das Forum des joint committees. Solche Fragen sind Sache des Arbeitsvertrags und werden im Streitfalle durch das Schiedsgericht geregelt, welches entweder aus 2 Arbitrators, von denen jede Partei einen wählt, besteht, die sich auf einen unparteiischen Dritten einigen, oder aus einem, von Arbeitern und Arbeitgebern gemeinsam gewählten Arbitrator.

Damit dieser etwas komplizirte Apparat aber nicht zu häufig in Szene gesetzt zu werden braucht, hat man die gleitende Lohnskala (sliding scale) ins Leben gerufen, deren „standard", d. h. das angenommene Normalverhältniß zwischen Lohn und Verkaufspreis der Kohle, nach wie vor vertragsmäßiger Uebereinkunft unterliegt. Wir geben hier als Beispiel eine zwischen den Grubenverwaltungen und der „United association" im Durhamer Bezirk vereinbarte Skala und bemerken, daß die Einzellöhne sich nach den für die verschiedenen Gruben in Betracht kommenden Verhältnissen verschieden mobifiziren.

The wages of all the above classes shall from August 1, 1884, until the agreement be determined, as hereinafter provided, be regulated by the following Sliding Scale: —

When the Nett Average Selling Price of Coal.		There shall be made the following Percentage of Additions to or Deductions from the Standard Tonnage Rates and Datal Wages, being those prevailing at November, 1879.	
Reaches.	But does not Reach.	Additions.	Deductions.
sh. d.	sh. d.		
3 10	4 0	None.	None.
4 0	4 2	1¼	—
4 2	4 4	2½	—
4 4	4 6	3¾	—

When the Nett Average Selling Price of Coal.		There shall be made the following Percentage of Additions to or Deductions from the Standard Tonnage Rates and Datal Wages, being those prevailing at November, 1879.	
Reaches.	But does not Reach.	Additions.	Deductions.
sh. d.	sh. d.	None.	None.
4 6	4 8	5	—
4 8	4 10	6¼	—
4 10	5 0	7½	—
5 0	5 2	8¾	—
5 2	5 4	10	—
5 4	5 6	11¼	—
5 6	5 8	12½	—
5 8	5 10	13¾	—
5 10	6 0	16¼	—
6 0	6 2	18¾	—
6 2	6 4	20	—
6 4	6 6	21¼	—
6 6	6 8	22½	—

And so on upwards, 1¼% for each 2 d., the 2½% variations for the two ranges of 2 d. each in price between 5 sh. 10 d. and 6 sh. 2 d. being limited to those special ranges.

| 3 8 | 3 10 | — | 1¼ |
| 3 6 | 3 8 | — | 2½ |

And so on downwards.

This scale shall affect surfacemen other than enginemen, mechanics, cokemen, and banksmen, as if 1 per cent. were substituted for 1¼ per cent. all the way through, and as if 2 per cent. were substituted for 2½ per cent. in the two special cases where a 2½ per cent. change is provided for.

Eine solche Skala schließt Lohnfragen keineswegs aus, da sie von beiden Seiten gekündigt werden kann; sie regelt nur die Lohnfestsetzungen für längere Zeit. Die Durchschnittsverkaufspreise der Kohle werden von eingeschworenen Rechnern ermittelt, denen zu diesem Zwecke die Geschäftsbücher der Grubenverwaltungen zur Verfügung gestellt werden.

Wesentlich anders liegen die Verhältnisse im West = Schottischen Kohlendistrikt. Die Grubenverwaltungen daselbst haben unter dem Namen „West of Scotland coal masters association" eine Vereinigung gebildet, welche die Umgegend von Glasgow umfaßt und wegen der vielen kleinen Zechen etwa nur ⅓ der letzteren. Die Vereinigung ist nur zu dem Zweck gebildet, Verständigung über die Lohnfrage unter den Arbeitgebern herbeizuführen; Verhandlungen mit den Arbeitern finden nicht statt. Die Vereinigung der letzteren wird vollkommen ignorirt, da der Sekretär derselben nicht Arbeiter gewesen ist und in dem Verdacht steht, ein Sozialist zu sein. Da auf beiden Seiten die Organisation nur eine lose ist, kommt es häufig zu Strikes. Die Bergleute des Bezirks rührten sich auch im Herbst d. J. wieder, indem sie durch ihren Sekretär W. Small namens des „Lanarkshire Miners Board" an die Grubenbesitzer folgende Forderung stellten: „Die Wagen (darges) sollen zu 3 Tonnen (gross weight) gerechnet werden und der Lohn des Arbeiters soll immer gleich sein dem am Schacht realisirten Preise per gross ton. Den Arbeitern soll gestattet sein, eine Vertrauensperson zu ernennen, der die Kohlenverkaufsbücher und alle Auslagen für Frachten, Diskont und sonstige Abzüge offen zu legen sind. Der Preis eines Monats hat die Löhne des folgenden Monats zu reguliren. Ein gegenseitiger Board of Arbitration soll ernannt werden, welcher die Bedingungen festzustellen hat für die gegenseitige Verhandlung und die Schlichtung von Streitigkeiten." Die Grubenverwaltungen gedachten auch diese Forderung zu ignoriren, und es ist uns nicht bekannt geworden, daß das Gegentheil der Fall gewesen sei.

B. Eisenindustrie.

Die Einrichtungen zur Regelung des Verhältnisses zwischen Arbeitgebern und Arbeitern in der Eisenindustrie sind nach den verschiedenen Branchen sehr verschiedenartig. Wir betrachten sie zunächst beim

1. Eisenerzbergbau und der Hochofenindustrie.

Den Trade Unions der Eisenerzgrubenarbeiter und der Hochofenleute stehen associations der Unternehmer gegenüber. Auch hier haben wir zunächst joint committees, aus je sechs Arbeitgebern und je sechs Arbeitervertretern bestehend. Ein Vorsitzender wird nur in dem Falle gewählt, daß sich die Parteien nicht einigen können. Als Vorsitzenden nimmt man dann gewöhnlich einen Juristen, aber auch wohl einen das Vertrauen der Arbeiter besitzenden Arbeitgeber. Bevor eine Angelegenheit an das joint committee, welches ebenfalls nur individuelle Fälle, nicht sog. Grafschaftsfragen entscheiden kann, gelangt, wird sie seitens des Arbeiters vor den Zweigvereinsausschuß gebracht, der für den Fall, daß die Beschwerde begründet erscheint, eine Deputation an das betreffende Werk entsendet. Bleibt, was in der Mehrzahl der Fälle nicht eintritt, dieser Schritt erfolglos, so geht die Angelegenheit an den Ausschuß des Gesammtvereins weiter, und zwar in der Form eines vom Sekretär des letzteren zu verfassenden Berichts. Dieser Bericht wird dann in dem joint committee zum Gegenstand der Berathung und Beschlußfassung gemacht.

Allgemeine Fragen (Grafschaftsfragen) werden durch größere Vereinigungen von Arbeitgebern und Arbeitern ohne Abstimmung berathen und event. vereinbart. In Cleveland nehmen an diesen Berathungen sämmtliche betheiligten Firmen durch je einen Vertreter theil.

Zur Regelung der Lohnfrage wird eine Skala in Anwendung gebracht, bei welcher eine bestimmte Kündigungsfrist von vornherein festgesetzt wird. Die Bergleute werden nach der Tonne bezahlt; steigt der Roheisenpreis um $^{96}/_{100}$ d., so werden die Löhne der Bergleute um 0,01 d. pro Tonne erhöht. In demselben Verhältniß bewegt sich die Skala über und unter dem Nullpunkt weiter. Als „Standard" ist der Preis von 34 sh. pro Tonne Cleveland=Roheisen Nr. 3 angenommen. Steigt das Roheisen auf 40 bis 42 sh., so tritt der sog. „doppelte Sprung" bei den Gruben=löhnen ein, d. h. eine Steigerung von 0,01 d. schon bei $^{48}/_{100}$ d.= Steigerung des Roheisenpreises. Bei den Hochofenarbeitern wird, wenn der Roheisenpreis um 2,80 d. steigt, eine Erhöhung des Normallohns von 0,25 vorgenommen. Steht also Roheisen beispielsweise 35 sh., d. h. 1 sh. über Standard, so werden dem Normallohn 1,25 Prozent hinzugefügt.

2. Hüttenindustrie.

Für individuelle Fragen besteht ein Ausschuß, 5 Arbeitgeber, 5 Arbeiter, die, im Falle sie sich nicht einigen können, einen Unparteiischen wählen. Die Entscheidung des Ausschusses ist eine endgiltige.*) Bevor jedoch individuelle Fragen an den Ausschuß gelangen, sucht man sie, was in der Mehrzahl der Fälle gelingt, lediglich durch Verhandlungen der Sekretäre mit der gegenüberstehenden Partei beizulegen.

---

*) Als Probe geben wir hier die Uebersetzung einer Entscheidung des Ausschusses vom 5. September d. J.
Board of Conciliation and Arbitration for the Manufactured Iron Trade of the North of England.
Auszug aus dem Protokoll der Sitzung des ständigen Komitees am 5. September 1889.

Der Vorsitzende (Herr William Whitwell) berichtete, daß alle Puddler der Westbourne-Werke seiner Firma in der vergangenen Nacht um ½ 10 Uhr die Arbeit niedergelegt und die Werke verlassen hätten, indem sie als Grund die geringe Qualität der Kohle angaben, ohne aber hierüber bei den Werkmeistern oder der Arbeitervertretung Klage zu erheben. Da die Arbeiter der Tagesschicht sich heute Morgen nicht eingefunden hatten, wurde von Herrn Whitwell der Befehl ertheilt, daß die Hochöfen in dieser Woche nicht mehr angezündet werden sollen.

Angenommen wurde der folgende Beschluß:

„Das ständige Komitee mißbilligt das Vorgehen der Arbeiter in Westbourne, welches mit den Statuten und Prinzipien des Board in direktem Widerspruch steht. Das Komitee macht aufs Neue die Arbeiter darauf aufmerksam, daß, wenn sie der Meinung sind, sie hätten Ursache, über die Qualität der Kohle, des Roheisens oder über das Putzen (fettling) sich zu beklagen — sie ordnungsgemäß weiter zu arbeiten und den Vertreter der Arbeiter zu berufen haben, damit derselbe den Direktor von ihrer Absicht verständigt, von der Firma Schadenersatz für zu schwache

Für allgemeine Fragen ist die „Kammer" zuständig, d. h. die Vereinigung aller Vertreter der Arbeitgeber und Arbeiter. Kann sich die Kammer nicht einigen, so wird ein Schiedsrichter*) gewählt. Jedoch kann

Feuerung zu verlangen, welche nach ihrer Meinung durch Lieferung von ungeeignetem Material verursacht ist.

Forderungen dieser Art werden vom Komitee in gerechter und angemessener Weise zum Austrag zu bringen gesucht, wenn eine Vereinbarung nicht erzielt werden konnte.

J. R. Winpenny, } Sekretäre."
Edward Trow,

Dieser Protokollauszug wurde, wie vorstehend, von dem Sekretär der Arbeitgeber und dem der Arbeiter unterschrieben, in Plakatform gedruckt und in sämmtlichen Werken des Bezirks angeschlagen; die Puddler, welche die Arbeit verlassen hatten, wurden damit bestraft, daß sie acht Tage lang nicht zur Arbeit zugelassen wurden und während dieser Zeit selbstverständlich auch von ihrer Union nicht das donation benefit erhielten.

*) Als Probe eines Schiedsspruchs in allgemeinen Lohnfragen mag der nachfolgende dienen, der von Dr. Spence Watson am 28. November 1888 gefällt wurde, nachdem die Verhandlungen des Court of arbitration am 19. November desselben Jahres zu Newcastle-upon-Tyne stattgefunden hatten:

Schiedsspruch von Dr. R. S. Watson.

Bensham Grove, Gateshead-on-Tyne, 28. November 1888.

An den Präsidenten, den Vize-Präsidenten und die Mitglieder des „Board of Conciliation and Arbitration for the Manufactured Iron Trade of the North of England".

Meine Herren! Meine Aufgabe war diesmal eine leichtere als in früheren Fällen, in welchen ich als Ihr Schiedsrichter thätig war, weil die von den beiden Parteien vorgebrachten Ausführungen diesmal eine größere Uebereinstimmung aufwiesen.

Die Arbeiter hatten eine Lohnerhöhung von 10 Prozent verlangt, bevor sie sich an mich gewandt hatten; die Fabrikanten hatten sich zu einem Aufschlag von 5 Prozent auf der Basis einer gleitenden Skala bereit erklärt. Im Laufe der Verhandlungen wurde von beiden Seiten zugegeben, daß zwar der wirkliche Verkaufspreis des Eisens, welcher durch den Rechner dem Board vorgelegt wurde, als der ausschlaggebende Faktor bei der Festsetzung der Löhne zu betrachten ist, daß aber die im Staffordshire-Distrikt, der mit dem Norden von England nicht blos in der Eisenindustrie, sondern in gewissem Umfang in jedem Gewerbszweig konkurrirt, bezahlten Löhne einen Faktor bilden, der nicht außer Acht gelassen werden darf. In Staffordshire ist ein Aufschlag von 5 Prozent bereits gewährt worden; ein weiterer Aufschlag von 7½ Prozent ist durch einen Schiedsspruch festgestellt worden, und beide Parteien beschäftigen sich mit der Feststellung einer gleitenden Skala. Der wirkliche Verkaufspreis von Eisen ist noch nicht so hoch als im Oktober 1885, zu jener Zeit, wo ich die Löhne um 2½ Prozent herabsetzte; man gab aber zu, daß unbestreitbare Anzeichen einer Besserung im Geschäftsgang vorhanden seien, und daß dem oben erwähnten Aufschlag in Staffordshire ein Schiedsspruch zu Grunde liege, welcher den gegenwärtigen Stand der Geschäfte berücksichtigt habe.

jede Partei die Theilnahme an der Kammer kündigen, die Angelegenheit also dem Gebiete des Kampfes zuweisen. Doch liegt ein solcher Fall seit dem Bestehen der Kammer noch nicht vor.

Auf Grund dieser Erörterungen und Zugeständnisse werde ich aufgefordert, meinen Spruch abzugeben. Die Frage, ob eine gleitende Skala angenommen werden soll, ist meiner Entscheidung entzogen. Aber ich kann kaum glauben, daß diejenigen, welche bei der Sitzung anwesend waren, oder Gelegenheit hatten, die Auseinandersetzungen zu prüfen, welche gemacht worden sind, die Ansicht vertreten, daß ich meine Befugnisse überschreite, wenn ich in allem Ernst beiden Parteien den Rath gebe, zu versuchen, künftig Lohnstreitigkeiten auf „mechanischem Wege", durch Einführung einer gleitenden Skala, zu entscheiden.

Im Vergleich mit einer Einigung und einem Schiedsspruch bietet eine solche Skala einen großen Vortheil. Durch sie werden Reibungen vermieden, ein Gefühl der Sicherheit bei Arbeitgebern und Arbeitnehmern erzeugt; sie trägt dazu bei, dem Gewerbe und der Beschäftigung der Arbeiter Stetigkeit zu verleihen.

Die Schwierigkeit, eine Verständigung über das zu erreichen, was als eine angemessene Grundlage für eine Skala betrachtet werden kann, verkenne ich nicht; aber diese Schwierigkeiten können überwunden werden. Wenn Beide sich in Uebereinstimmung über den Weg, der eingeschlagen werden sollte, befinden und bereit sind, sich belehren zu lassen, dann scheint mir die erwähnte Schwierigkeit nicht unüberwindlich zu sein.

Beide, Arbeitgeber und Arbeiter, haben eine Periode hinter sich, in der sie mit großen Schwierigkeiten und Prüfungen zu thun hatten; dieselben in ähnlicher Weise überwunden zu haben, dieses Verdienst räumt Jeder dem Anderen ein. Wenn Beide jetzt diese Frage mit dem Wunsche behandeln, eine angemessene und deshalb gegenseitig vortheilhafte Lösung zu finden, so zweifle ich nicht, daß eine befriedigende Lösung gefunden werden wird.

Ich habe zu entscheiden, von welchem Tag an mein Schiedsspruch Geltung haben soll, oder besser gesagt, welches die richtige Wirkung der am 6. October von den Arbeitern getroffenen Entscheidung ist, daß ein Aufschlag „von einem möglichst frühen Termin an in Kraft treten soll". Von Hrn. Trow war hervorgehoben, daß eine einmonatliche Frist als genügend erscheine; ebenso wie mein Schiedsspruch vom Januar 1884 (welcher der letzte ist, in welchem eine Aeußerung hierüber gemacht wurde) einfach sagt: „einer einmonatlichen Kündigung (notice) von jeder Seite unterworfen".

Ich habe diesen Gegenstand sorgfältig geprüft. Ich finde, daß seit dem Schiedsspruch des Herrn Dale vom April 1878 der obige Ausdruck ein rein formeller geworden ist. Es gilt dies für Herrn Shaw-Lefevre's Schiedsspruch, für Herrn Dale's Schiedsspruch im September 1879 und für Sir J. W. Pease's Schiedsspruch im November 1882. Auf welchen Zeitraum sich die Frist, von welcher an der Schiedsspruch des Herrn Dale vom April 1878 an gelten soll, zu erstrecken habe, wurde nicht durch den Schiedsrichter, sondern durch das Amt (Board) selbst entschieden. Es wurde vereinbart, daß der Schiedsspruch bis zu einmonatlicher Kündigung von jeder Seite gelten sollte.

Aber das Amt ging noch weiter. Es erklärte mit den folgenden Worten, was es unter „einmonatlicher" Kündigung versteht. „Unter „einmonatlicher" Kündi-

Bei der Skala für die Hüttenindustrie wird der Normallohn in die Skala eingeführt. Die heutige Skala giebt 2 sh. als Basis, d. h. pro Pfd. Sterl. des Preises 1 sh. Lohn + 2 sh. Sie wurde den Betheiligten durch folgendes Schriftstück mitgetheilt:

Board of Conciliation and Arbitration for the Manufactured iron Trade of the North of England.

To the President and Members of the Board.

Gentlemen,

The Committee appointed to consider the question of the adoption of a Sliding Scale for the regulation of wages in the Manufactured Iron Trade of the North of England from the 1st July next, beg to restore that they have had the subject under very careful consideration at meetings held on the 25th February and 11th March, 1889, and they have come to the conclusion to recommend the adoption of a scale on the basis of 2 sh. (two shillings) above shillings for pounds, s w.

That such scale shall come into force on the 1st day of July, 1889 and continue until the last Saturday in July, 1891.

The changes under the scale shall take place every two months, and the variations will be the same as under previous slidings scales.

---

gung ist eine Kündigung, welche in irgend einem Monat gegeben wird, zu verstehen, die an dem letzten Samstag des nächstfolgenden Monats endigt".

Ferner finde ich, daß der Ausdruck „einmonatliche Kündigung" am 18. November bereits vom Amt definirt war, bevor Sir J. W. Pease seine Thätigkeit als Schiedsrichter aufnahm, und daß die Definition einstimmige Annahme fand. Sie lautet: „Unter einmonatlicher Kündigung ist zu verstehen, daß eine Kündigung, welche am oder vor dem letzten Samstag eines Monats erfolgt, am letzten Samstag des folgenden Monats zu Ende geht".

Ich bin der Ansicht, daß jeder Schiedsrichter sich an diese doppelte, auf Autorität Anspruch machende Auslegung gebunden fühlen muß.

Ihr ergebener
Robert Spence Watson.

To the Board of Conciliation and Arbitration for the Manufactured Iron Trade in the North of England.

In dem Schiedsgericht, welches ich im Central-Stations-Hôtel in Newcastle-upon-Tyne am 19. d. M. abgehalten habe, wurde der Beschluß meiner Ernennung zum alleinigen Schiedsrichter durch den Vorsitzenden des Amts zur Kenntniß gebracht.

Meiner Entscheidung überwiesen war die Forderung der Arbeitervertretung um einen Aufschlag von 1 sh. per Ton für das Puddeln und 10 Prozent auf alle anderen vom Amt festgesetzten Sätze (per Tonne) und Löhne.

Nachdem ich sorgfältig die mir vorgebrachten Darlegungen geprüft habe, lautet mein Schiedsspruch so, daß von und nach dem 24. d. M. ein Aufschlag von 6 d. per Ton für das Puddeln und von 5 Prozent auf alle anderen vom Amt festgesetzten Sätze (per Tonne) und Löhne stattzufinden hat.

Robert Spence Watson, Schiedsrichter.

Bensham Grove, Gateshead-on-Tyne, 28. November 1888.

The operation of the scale will be as follows

The average net selling price for	Will regulate wages for
Two months ending June 30, 1889	Three months endings the last Saturday in September, 1889,
Two months ending August 31, 1889	Two months ending the last Saturday in November 1889
Two months ending Octbr. 31, 1889	Two months ending the last Saturday in January, 1890
Two months ending Dec. 31, 1889	Two months ending the last Saturday in March, 1890.
Two months ending Feb. 28, 1890	Two months ending the last Saturday in May, 1890.

And so on.

We are, gentlemen, yours faithfully (folgen die Unterschriften).
March 11, 1889.

Die Verkaufspreise werden von einem eingeschworenen Rechner ermittelt. Für denselben werden seitens der an der Kammer betheiligten Werke jedes Vierteljahr Listen ausgefüllt, welche die gesammte verkaufte Menge nebst den erzielten Nettopreisen enthalten. Zur Kontrolirung müssen dem Rechner auf Verlangen sämmtliche Geschäftsbücher vorgelegt werden. Der Rechner ermittelt nun den durchschnittlichen Nettopreis sämmtlicher Werke in der Weise, daß er die betreffende Berechnung von zwei von einander unabhängig arbeitenden Schreibern, deren Rechnungsresultate übereinstimmen müssen, anfertigen läßt. Dann schickt er das Resultat an die Sekretäre der Union und der Affoziation zur Mittheilung an die Werke. Die jüngste derartige Mittheilung lautet:

Board of Conciliation and Arbitration for the Manufactured Iron Trade of the North of England.

Gentlemen,

We append copy of Mr. Waterhouse's report for the two months ending June 30th, 1889.

Yours faithfully,
J. R. Winpenny, } Secretaries.
Edward Trow,

July 18th, 1889.

To the Chairman and Members of the Board of Conciliation and Arbitration for the Manufactured Iron Trade of the North of England.

Gentlemen,

Having collected from the firms and Companies belonging to, or associated for this purpose with your Board, the returns of their sales of Manufactured Iron for the two months ending the 30th June last, and having verified the same by an examination of the books, I certify the average net selling price per ton to have been Lstrl. 5 7 sh. 8 d.

Beneath is a statement of the different classes of Iron sold, and the average net selling price of each.

Sales during the two months ending 30th June, 1889.

Description	Weight Invoiced				Per centage of Total	Average Net Selling Price per Ton		
	Tons	Cwts.	Qrs.	Lbs.		Lstrl.	sh.	d.
Rails ...	278	4	0	19	0,50	5	7	9,24
Plates ...	35,094	9	0	12	63,48	5	8	8,84
Bars ...	12,926	5	2	5	23,38	5	7	11,06
Angles ...	6,985	14	2	3	12,64	5	1	11,36
	55,284	13	1	11	100,00	5	7	8,18

I am, Gentlemen,
Your obedient Servant,
Edwin Waterhouse.

44, Gresham Street, London, E. C.,
17th July, 1889.

The following are the figures for the previous two months: —

Description	Weight Invoiced				Per centage of Total	Average Net Selling Price per Ton		
	Tons	Cwts.	Qrs.	Lbs.		Lstrl.	sh.	d.
Rails ...	348	11	3	27	0,71	5	0	11,69
Plates ...	35,150	11	1	20	61,70	5	5	7,30
Bars ...	14,301	15	1	15	25,10	5	4	10,38
Angles ...	7,171	6	3	2	12,59	4	18	2,34
	55,972	5	2	8	100,00	5	4	5,54

3. Schiffsbau und Kesselfabrikation.

Die „United Society of Boilermakers and Iron Ship Builders" hat von allen englischen Trade Unions wohl die straffste Organisation. Sie umfaßt die bei weitem größte Mehrzahl der der Branche des Schiffsbaues und der Kesselfabrikation angehörenden gelernten Arbeiter — die sogenannten „Helfer" gehören der Union nicht an —, gegenwärtig etwa 33 000; denn da sich die Mitglieder dieser Vereinigung da, wo ihnen eine straffe Organisation der masters nicht gegenübersteht, auf das Entschiedenste weigern, mit nicht unirten Leuten in demselben Werke zusammen zu arbeiten, so stehen nur äußerst wenige außerhalb der United Society. Nur in Glasgow ist es der Vereinigung der masters zum Theil gelungen, die Unionisten zum Zusammenarbeiten mit Nichtunionisten zu zwingen. Nebenbei mag bemerkt werden, daß die United Society im Jahre 1888 eine Einnahme von 84 425 Lstrl. 15 sh. hatte und daß die angesammelten Kapitalien 53 028 Lstrl. betragen. Außerdem besteht noch (in Glasgow) eine Associated shipwrights Society, eine Associated Society der Zimmerleute und Tischler und die Assoziation der Grobschmiede. Für alle diese Vereine ist

bezüglich ihres etwaigen Vorgehens das Verhalten der United Society maß=
gebend. Alle Mitglieder der vorstehend genannten Unions weigern sich, mit
Nichtunionisten zusammen zu arbeiten.

In der Schiffsbauindustrie ist die Einführung einer gleitenden Skala
nicht möglich, weil die Arbeiten vielfach verschieden sind. An die Stelle
der Skala hat daher die United Society ein System außerordentlich detaillirt
ausgearbeiteter Akkordsätze für alle vorkommenden einzelnen Arbeiten mit
den Vereinigungen der Arbeitgeber festgesetzt, nach welchem der Lohn je
nach den Umständen prozentweise erhöht oder vermindert wird.

Der einheitlichen Organisation der Schiffsbauarbeiter steht eine gleiche,
die Schiffswerften des ganzen Königreichs umfassende Organisation der
Arbeitgeber noch nicht gegenüber; es ist freilich eine solche in der Bildung
begriffen, mehrere große Werke haben es aber von vornherein abgelehnt,
derselben beizutreten.

Auch bei der Boilermakers and Iron Ship Builders Society findet
eine strenge Scheidung der individuellen und der allgemeinen Fragen statt.
Letztere gehören ausschließlich vor das Forum der in New=Castle=on=Tyne
befindlichen Centralbehörde, welch letztere mit den Arbeitgebervereinigungen
durch ihren Schriftführer verhandelt. Führen die Verhandlungen nicht
zum Ziel, so wird eine Versammlung der Arbeitervertreter des betreffenden
Bezirks und der in Betracht kommenden Arbeitgeber berufen, in welcher
nur verhandelt, nicht abgestimmt wird. Die Verhandlungen haben durch=
weg eine Vereinbarung zur Folge.

Die individuellen Fälle werden in einer örtlichen Versammlung ent=
schieden, bei Stimmengleichheit wird ein Schiedsrichter erwählt. Die Unter=
suchung individueller Beschwerden geschieht charakteristischer Weise durch Be=
amte, welche von der Centralstelle entsandt werden.

Gehört ein Arbeitgeber keiner Masters=Association an, so wurde uns
der Verlauf auf einem solchen Werke folgendermaßen geschildert. Jedes
Gewerbe auf den Schiffswerften (Schiffbauer, Schiffzimmerleute, Grob=
schmiede, Shipwrights) hat 2 Vertrauensmänner. Wenn irgend ein Arbeiter
eine Klage in Bezug auf das Werk hat, so wendet er sich an die Vertrauens=
männer, und diese suchen Abhilfe bei dem Betriebsaufseher (Foreman).
Wenn ein Uebereinkommen bezüglich Befriedigung des Klägers nicht zu
erreichen ist, so gehen die Vertrauensmänner an den Sekretär der be=
treffenden Union, mit dem der Werkbesitzer verhandeln muß, wenn er
Arbeitseinstellungen vermieden sehen will.

Wie groß die Macht der United Society zu Zeiten steigender Tendenz
ist, geht daraus hervor, daß ihre Mitglieder in diesem Herbst (1889) nur
4 bis 5, ja selbst nur 3 Tage in der Woche arbeiteten mit der aus=
gesprochenen Absicht, die Arbeit hinzuhalten, also länger in dem augen=
blicklich großen Verdienst zu stehen. Sie wissen ganz genau, daß gegen=
wärtig mehr Arbeiter nicht zu haben sind, und wollen somit die für sie günstige

Situation des Arbeitsmarktes verlängern. Ja, es soll sogar in der Absicht der United Society liegen, Bestimmungen dahin zu formuliren, daß es, um dem Schiffsarbeiter dauernd ein genügendes Quantum an Arbeit zu sichern, fernerhin nicht in das Belieben der Rheder gestellt werden dürfe, eine beliebige Anzahl von Schiffen zu bauen, sondern daß der Gesammttonnengehalt der neu zu erbauenden Schiffe in einem bestimmten Prozentsatz zu dem Tonnengehalt der untergegangenen bezw. außer Dienst gestellten Schiffe stehen müsse.

4. Maschinenbau.

Eine ähnliche straffe Organisation wie bei den Schiffsbauarbeitern besteht bei den Maschinenbauern in der Trade Union der Amalgamated Engineers, welche über 50 000 Mitglieder zählt. Die Arbeitgeber gehören bei weitem nicht alle den dieser Trade Union gegenüberstehenden beiden Vereinigungen an, welche in London und Manchester ihren Sitz haben. Eine gleitende Skala ist in der Maschinenfabrikation der Natur der Sache nach ausgeschlossen, ebenso eine Trennung der individuellen und allgemeinen Fragen. Es besteht daher auch kein joint committee, sondern es wird über Lohnfragen seitens der lokalen Vereine mit den Arbeitgebern bezw. deren Assoziation verhandelt, und es werden vielfach für eine bestimmte Zeit Preislisten vereinbart. Die nicht der Assoziation angehörenden Firmen folgen meistens der von der ersteren mit den Gewerkvereinen festgesetzten Liste oder sie verhandeln direkt mit ihren Arbeitern, wie z. B. die Firma Mather & Platt (Salford Iron Works), bei der freilich ein ganz eigenartiges Vertrauensverhältniß zwischen Arbeitgebern und Arbeitnehmern besteht.

Der stets friedliche Ausgang der Lohnverhandlungen hat zur Folge gehabt, daß bei den Engineers seit 1851 ein allgemeiner Arbeitsausstand nicht mehr stattgefunden hat.

Außer den Amalgameted Engineers besteht in Manchester noch eine United Machine Workers Association. Diese Union umschließt die Arbeiter an allen Werkzeugmaschinen mit Ausnahme der Drehbänke; die an letzteren Arbeitenden gehören zu den Amalgamated Engineers. Auch diese Union hat eine straffe Organisation. Sie erstreckt sich in Unterabtheilungen über ganz England und hat namentlich eine ausgedehnte Einrichtung bezüglich des Arbeitsnachweises. Alle 14 Tage werden dem Generalsekretär seitens der Sekretäre der Unterabtheilungen eingehende Berichte über den Stand der Industrie, besonders über die Lage des Arbeitsmarkts, gegeben. Es wird genau aufgeführt, ob und wie viele Arbeiter gesucht werden oder ohne Beschäftigung sind. Auf Anordnung des Generalsekretärs müssen die Arbeiter von dem Orte, an welchem Ueberfluß an Arbeitskräften ist, unweigerlich an den Platz gehen, wo Arbeiter gesucht werden. Diese Arbeiter werden den Werken seitens des Generalsekretärs überwiesen, und letztere sind gezwungen die betreffenden Arbeiter anzunehmen, da Unionisten nicht mit Nichtunioniften zusammenarbeiten. Verweigern die Arbeiter, an den betreffenden Platz zu gehen, so verlieren sie den Anspruch auf das „donation benefit". Eisenbahnfahrt wird ersetzt, Rücksicht auf Familienverhältnisse nicht genommen, vielmehr dem Arbeiter anheimgegeben, dann, wenn er die Verhältnisse an seinem neuen Aufenthaltsort übersehen kann, seine Familie nachkommen zu lassen.

5. Formerei.

Die Trade Union der Former besteht aus 2 Abtheilungen, eine für England, die andere für Schottland, und umfaßt 59 Prozent sämmtlicher Former. Im Auslande arbeitende Mitglieder können gegen Zahlung eines Beitrags von 20 sh. pro Jahr im Verbande der Assoziation bleiben, erhalten aber keine Unterstützungen. Als solche werden den im Lande befindlichen Mitgliedern Kranken-, Invaliden- und Sterbegelder bezahlt, die Hauptsache aber bildet die Unterstützung im Falle der Arbeitslosigkeit. Die Union hat während der schlechten Zeiten in 7 Jahren an arbeitslose Mitglieder 70000 Lstrl. (etwa 1400000 Mark) gezahlt; dafür erhebt sie aber auch einen Betrag von 2 sh. pro Kopf und Woche, also 104 sh. pro Jahr. Streitigkeiten über Löhne kommen häufiger vor; zum Strike wird aber nur im äußersten Falle geschritten und dabei Kontraktbruch stets vermieden. Kommt es zu einer gütlichen Einigung betreffs der Löhne nicht, so arbeiten die in dem betreffenden Werke beschäftigten Former ruhig weiter, der Vorstand der Union aber erklärt das Werk für stopped, d. h. es dürfen neue Arbeiter zum Ersatz etwa abgehender Arbeiter oder zur Vermehrung der Arbeiterzahl nicht eintreten. Auf der anderen Seite wird solchem stop gegenüber wohl zum lock-out geschritten; das Verhalten beider Parteien richtet sich dabei wesentlich nach Lage des Arbeitsmarktes.

Mit Bezug auf vorstehend geschilderte Verhältnisse in der Eisenindustrie muß bemerkt werden, daß die Organisation der Arbeiter sowohl als der Arbeitgeber in Schottland noch lange nicht so weit vorgeschritten ist wie im Norden von England. Die Arbeiter sind zwar organisirt, werden aber bezüglich ihrer Ansprüche durch das Zusammenhalten der Arbeitgeber noch wesentlich in Schach gehalten. Zu diesem Zweck bestehen in allen Theilen Schottlands Vereinigungen von Arbeitgebern — namentlich Maschinenfabrikanten —, die mit einander in Verbindung stehen. Diese Organisation bethätigt sich namentlich in Bezug auf die Aufnahme von Arbeitern. Striken die Arbeiter in einer Fabrik, so finden sie bei Konkurrenzwerken nirgends Aufnahme. Strikt nur eine bestimmte Branche von Arbeitern, so kommt es nicht selten vor, daß die zu der betreffenden Union gehörenden Arbeiter in allen anderen Fabriken außer Arbeit gesetzt werden. Auch der lock-out aller Arbeiter ist nicht ausgeschlossen, ebenso wie die Bestrafung der Leute, die den Strike begonnen haben, durch längeren Ausschluß, auch wenn sie zum Nachgeben bereit sind.

Der Erfolg dieser Art des Vorgehens ist aber nur möglich bei festem und zuverlässigem Zusammenhalten der Arbeitgeber.

Unter den geschilderten Verhältnissen sind in Schottland Strikes häufiger als im Norden von England. Kontraktbruch kommt dabei seitens der Arbeiter fast gar nicht vor; sie melden ihre Forderungen rechtzeitig an und legen, wenn dieselben nicht bewilligt werden, die Arbeit erst nach 14 Tagen nieder. Dabei finden regelmäßige Verhandlungen in statutengemäß gebildeten Körperschaften, wie in den joint committees Nordenglands, nicht statt; diese Institutionen kennt man in Schottland nicht. Nur wenn es besonders angezeigt erscheint, werden ausnahmsweise Verhandlungen mit den Arbeitern geführt. Uebrigens werden Arbeiter im Falle eines Kontraktbruchs, der, wie gesagt, äußerst selten vorkommt, mit Geld- bezw. Gefängnißstrafe belegt.

6. Kleineisen- und Messingindustrie.

Die außerordentliche Verschiedenheit der fabrizirten Waaren — im Birminghamer Bezirk werden allein etwa 100 000 verschiedene Artikel hergestellt — schließt die Möglichkeit einer Vertretung der Arbeitgeber aus. Dagegen bestehen in der Arbeiterschaft, je nach den verschiedenen Gewerben, eine Anzahl von Trade Unions. Mit den Vertretern derselben verhandeln die einzelnen Arbeitgeber. Kommt keine gütliche Einigung zu Stande, so wird ein Court of Arbitration gehalten, wofür ein hervorragendes Beispiel das am 21., 22., 23. und 30. April 1879 gehaltene Schiedsgericht in the Chandelier and Gas-Fitting trades ist, in welchem Mr. Dixon, Parlamentsmitglied für Birmingham und Theilhaber der Firma Rabone Brothers & Cie., welche nur Handel, nicht Fabrikation betreibt, Arbitrator war. Der Rapport über dieses Schiedsgericht bildet einen stattlichen Oktavband von 285 Seiten. Für die Wirksamkeit der Trade Unions sind die Mittheilungen interessant, welche uns von Mr. Davis, Sekretär der Messingarbeiter in Birmingham, früher königl. Fabrikeninspektor des Sheffielder Bezirks, gemacht wurden.

In Sheffield sind von Unternehmern größere Werkstätten in der Weise erbaut, daß die Betriebskraft und die Uebertragung derselben an einzelne Arbeiter standweise vermiethet werden kann. Diese arbeiten dann, mit ihren eigenen Werkzeugen und eigenem Material, wohl auch mit angenommenen Gehilfen, im Auftrage von Händlern und Unternehmern für eigene Rechnung. Bei diesen Leuten, welche in unserem Sinne als Hausindustrielle bezeichnet werden können, tritt die Verschiedenheit des Arbeitsvertrags in schlagendster Weise hervor, je nachdem sie in Trade Unions organisirt sind oder nicht. Sind sie es nicht, so bringen sie es bei oft täglich 16 stündiger Arbeitszeit auf nicht mehr als 15 bis 18 sh. die Woche; sie führen ein bejammernswerthes, elendes Dasein, während die Unionisten bei der gewöhnlichen Arbeitszeit von 54 bis 56 Stunden in der Woche 40 bis 50 sh. verdienen können.

So sind z. B. die Leute, welche die gewöhnlichsten, für den Export nach unzivilisirten Gebieten bestimmten Taschenmesser herstellen, nicht unirt. Sie bekommen für das Dutzend fertiger und verpackter Messer, für die sie das Material selbst liefern müssen, nur 13 Pence, also etwa 1 Mark, und sind in Folge dessen nicht im Stande, bei äußerster Anstrengung per Woche mehr als 15 bis 18 sh. zu verdienen.

Die Arbeiter für Tafelmesserklingen habe eine Trade Union und verdienen bei kurzer Arbeitszeit 40 bis 50 sh. per Woche.

Die Arbeiter für feine Taschenmesser, welche dieselbe Kenntniß und Geschicklichkeit der Tafelmesserklingenarbeiter haben müssen, sind wiederum nicht unirt und verdienen daher auch nur 15 bis 18 sh., was auch in Bezug auf die ebenfalls nicht unirten Hersteller der Hefte für Tafelmesser gilt, die bei übermäßig langer Arbeitszeit einen zur ärmlichsten Lebenshaltung kaum ausreichenden Verdienst haben. Die Macht der Unions hängt dabei wesentlich von der Höhe der Baarmittel ab, die ihnen zur Verfügung stehen, und die Ansicht des Herrn Davis ist charakteristisch, daß, je höher die Beiträge seien, die eine Union von ihren Mitgliedern erhebe, desto höhere Löhne in den betreffenden Gewerben die Regel bildeten.

C. Textilindustrie.

Am meisten ausgebildet und am strafften organisirt ist das Trade Union-Wesen in der Baumwollspinnerei und -weberei, namentlich im Lancashire-Bezirk. Hier steht der amalgamated association of operative Cottonspinners und der amalgamated association of cotton weavers eine Assoziation der Arbeitgeber gegenüber, bei welcher Spinnerei und Weberei nicht getrennt sind, da sie von sehr vielen Werksbesitzern zusammen betrieben werden. Dem joint committee fällt hier — im Gegensatz zu der Praxis der Kohlen- und Eisenindustrie-Vereinigungen — die Erledigung der allgemeinen Fragen zu.

Streitigkeiten des individuellen Falles werden durch die lokalen Organisationen entschieden. Den ersten Schritt bildet stets der Versuch friedlichen Ausgleichs. Schlägt dieser fehl, so wenden sich die Arbeiter an ihren Sekretär, der dann die Angelegenheit dem Werksbesitzer mündlich oder brieflich vorträgt. Ist der Werksbesitzer nicht geneigt, diesem Sekretär gegenüber seine Meinung abzugeben bezw. die Sache beizulegen, so giebt er den Schriftsatz des Arbeitersekretärs an den Sekretär der Arbeitgeberassoziation weiter, so daß nunmehr Verein gegen Verein verhandelt. Die Sekretäre der beiden Parteien untersuchen den Fall, indem sie in der Fabrik den thatsächlichen Befund feststellen, und fällen dann den Entscheid, der beiden Parteien schriftlich mitgetheilt und in der bei weitem überwiegenden Mehrzahl von Fällen acceptirt wird. Können sich die Sekretäre nicht einigen, so geht die Angelegenheit an die Ausschüsse der Vereinigungen. Hier wird aber lediglich die Form des Board of Conciliation, also die der gegenseitigen Berathung, nicht aber die Entscheidung eines Arbitrators, also die durch einen schiedsrichterlichen Unparteiischen, beliebt, mit welch letzterer Form die Arbeiter schlechte Erfahrungen gemacht haben wollen, so daß sie dieselbe niemals wieder acceptiren zu wollen erklärten. Ist auch beim Board of Conciliation keine Verständigung möglich, so bleibt nur Strike übrig, zu dem es aber äußerst selten kommt.

Die allgemeinen Fragen zu entscheiden, ist Sache des joint committee. Prinzip bleibt bei den Cotton spinners und cottonweavers Trade Unions, daß die Höhe des Lohnes sich nach dem Unternehmergewinn richtet. Zum Zweck der Ermittelung des letzteren wird in den mit handelsstatistischem Material reich ausgerüsteten Bureaux der Unions die Differenz der Preise des fertigen Erzeugnisses und des Rohmaterials, also des Preises der Baumwolle, des Garnes und des Kalikos, berechnet. Diese Zahl heißt margin. Für die Baumwolle kommen 5, für das Garn 11 und für den Kaliko 23 leitende Klassen in Betracht, woraus sich 2 Reihen von margins, die der spinners und weavers, ergeben. Die Listen endlich setzen den Normalpunkt der Löhne fest. Sache des joint committee ist es, zu bestimmen, wieviel Prozent unter oder über dem Normalpunkt die Löhne je nach dem jeweiligen Stande des Geschäfts zu normiren sind. Es handelt sich also lediglich um die Bestimmung von so und soviel Prozent Erhöhung oder Erniedrigung, und je nach der Lage des Geschäfts werden 5, 10, 15 bis 20 Prozent über oder 5 Prozent unter Normallohn bezahlt. Grundprinzip der Listen für die Spinner ist jetzt allgemein die Bezahlung des Arbeiters nach der Länge des Fadens, wobei die Zahl der vom Einzelnen zu beaufsichtigenden Spindeln sowie die stärkere oder schwächere Drehung des Fadens modifizirend wirkt; Grundprinzip der Listen für die Weber ist die Feinheit des Fadens, die Dichtigkeit der Fäden sowie Breite und Länge des Gewebes.

Dabei wird jede einzelne Maschine von der Trade Union eingeschätzt und sorgfältig überwacht, so daß der Arbeiter an derselben mindestens seinen Durchschnittslohn verdienen kann und andererseits auch den Werken eine gewisse Minimalleistung des Arbeiters durch die Trade Union garantirt wird.

Entstehen über den Prozentsatz, um welchen die Löhne über oder unter dem Normallohn je nach der Lage des Marktes festgesetzt werden, Streitigkeiten, so tritt das joint committee, in welchem der Sekretär der Arbeitgeber den Vorsitz führt, zu einer Sitzung zusammen. Die Geschäftsrolle muß jeder der beiden Parteien 10 Tage vor der Sitzung zugestellt sein. Eine Abstimmung findet nicht statt, sondern lediglich eine Berathung, die den Zweck einer friedlichen Schlichtung der differirenden Meinungen hat. Wird dieser Zweck nicht erreicht, so bleibt nur noch der allgemeine Strike bezw. der lock-out übrig. Ein Strike kann aber nicht ohne Weiteres nach dem Scheitern der Verhandlungen des joint committee begonnen werden. Es muß vielmehr erst die Genehmigung des Exekutivausschusses des Gesammtvereins eingeholt werden. Liegt diese vor, so wird in Distriktsversammlungen, die am gleichen Tage und zu gleicher Stunde im ganzen Distrikt abgehalten werden, über den Arbeitsausstand abgestimmt. Fällt die Abstimmung für den Strike aus, so wird die Arbeit noch nicht eingestellt, sondern am nächsten Samstag Nachmittag zwischen 3 bis 6 Uhr eine nochmalige schriftliche geheime Abstimmung in allen Bezirken des Distrikts vorgenommen; die Stimmzettel werden in verschlossenen Kästen an die Centralstelle gesandt, dort gezählt und nach Befund wird noch an demselben Abend proklamirt, ob die Arbeit eingestellt werden soll oder nicht. Bis zu diesem Zeitpunkt ist die Arbeit nicht eine Minute unterbrochen worden.

In anderen Zweigen der Textilindustrie ist die Organisation in keineswegs so straffer Weise durchgeführt.

Im Distrikt der Wirkerei (Nottingham) ist die Mundella'sche Einigungskammer nach 20jähriger Wirksamkeit zusammengebrochen.

Im Bezirk der Wollindustrie (Bradford) sind die Arbeiter dieser Branche, weil meistens dem weiblichen Geschlecht angehörig, nicht zu Trade Unions organisirt. Die Gattin des früheren Ministers Sir Charles Dilke betreibt allerdings auf das Lebhafteste auch in diesem Distrikt die Organisation von Trade Unions für das weibliche Geschlecht, wie solche in Lancashire bei den Webereien in ausgedehntem Maße bestehen und in schwächerem Maße auch in der Juteindustrie vorhanden sind. Doch werden sich die Bradforder Wollindustriellen nach ihrer eigenen Aussage der Organisation ihrer Arbeiterinnen so lange als irgend möglich widersetzen.

In dem Jutedistrikt (Dundee) haben die Spinner und Weber ihre Organisation, welche auch Frauen und Mädchen umschließt; dieselbe kann aber gegen die Arbeitgeber nicht aufkommen. Die Juteindustrie in Dundee ist so mächtig, daß sie die Wahlen zur Handelskammer vollständig beherrscht; diese besteht daher in der Hauptsache aus Juteindustriellen. Wenn nun auch die Handelskammer offiziell mit Regelung der Lohnfrage nichts zu thun hat, so haben die Juteindustriellen doch in derselben ihren Zusammenschluß, und thatsächlich findet eine Regelung der Löhne in dieser Industrie durch die Handelskammer statt.

D. Die Organisation der „unskilled men".

Zwischen den Trade Unions und den Sozialisten hat in England seit Jahren ein heftiger Kampf gewüthet. Die Sozialisten behaupten, durch die Trade Unions werde das Elend des gegenwärtigen Industriesystems lediglich zu einem kontinuirlichen gemacht, die Trade Unionisten werfen den Sozialisten vor, daß das Utopien der letzteren unrealisirbar sei und der Arbeiter durch den Sozialismus ins Verderben gestürzt werde, da durch die destruktive Tendenz des Sozialismus gegen das Kapital der Ast abgesägt werde, auf welchem der Arbeiter sitze. Thatsächlich scheint nach den eingehenden Wahrnehmungen, die wir in England gemacht, eine sozialdemokratische Tendenz bei den Arbeitern der Trade Unions im Allgemeinen bis jetzt nicht vorhanden zu sein.*) Ueberall hörten wir die sozialdemokratische Tendenz, Unfrieden zwischen dem Kapitalisten und dem Arbeiter zu säen, von den Arbeitervertretern auf das Schärffte verurtheilen, und die hervorragendsten und intelligentesten Arbeitgeber versicherten uns, daß der englischen Industrie von Seiten der Sozialdemokratie keine Gefahr drohe, wobei wir allerdings die Wahrnehmung machten, daß ein Verständniß für die Ziele der internationalen Sozialdemokratie nicht vorhanden war. Ueber die Nothwendigkeit eines friedlichen Zusammenwirkens von Kapital und Arbeit hörten wir von allen Arbeitervertretern die nachdrücklichsten Versicherungen. Der Unternehmer müsse, so wurde ausgeführt, immer seinen guten Verdienst haben, und dies ihm zu ermöglichen liege um so mehr im Interesse des Arbeiters, als sich der Unternehmer anderenfalls zurückziehen und sein Kapital anders verwenden würde. Für die Arbeiter werde nur eine auskömmliche, den Verhältnissen entsprechend gute, sichere Existenz verlangt; sei dies Ziel erreicht, so sei nichts dagegen einzuwenden, wenn der Arbeitgeber große Gewinne erziele, in Luxus lebe und Kapital anhäufe, denn dadurch werde wieder die Arbeit befruchtet. Diese gesunden Ansichten hatten sich die Arbeiterführer nach eigenem Eingeständniß vielfach aus dem eingehenden Studium tüchtiger nationalökonomischer Schriftsteller sowie aus ihren fortgesetzten Beobachtungen der Lage des Weltmarktes angeeignet. Daß bei einem solchen, sich den sozialdemokratischen Aufwiegelungen konsequent verschließenden Arbeiterstande die Arbeitergeber die Gefahren der internationalen Sozialdemokratie verkennen konnten, durfte uns nicht Wunder nehmen.

Dennoch, so glauben wir, sehen die englischen Industriellen bezüglich der letzteren etwas zu optimistisch in die Zukunft. Beweis dafür bildet die sich augenblicklich vollziehende Verschmelzung des Tradeunionismus mit dem Sozialismus. Den Anstoß dazu hat der Ausstand der Dockarbeiter in London gegeben. Bei dieser Gelegenheit ist aufs Neue der Vorwurf gegen die Trade Unions hervorgetreten, daß sie nur gelernte Arbeiter aufnähmen, daß sie bei sämmtlichen Lohnerhöhungen Alles für sich in Anspruch genommen hätten und daß für die theilweise bei den gelernten Arbeitern in Lohn stehenden unskilled men nichts abgefallen sei. Das Ziel der industriellen Bewegung müsse aber die Hebung aller Arbeiter-

---

*) Nur bezüglich der Trade Union der Londoner Setzer gab uns Mr. Burnett, labour correspondent im board of trade, zu, daß diese Vereinigung, welche noch vor 3 Jahren einen ganz entschieden konservativen Charakter hatte, jetzt in ihrer Gesammtheit von sozialdemokratischen Ideen erfüllt sei.

kreise sein. Das gehe nur an, wenn man beide Ströme, den Trade-unionismus und den Sozialismus, vereinige. Und es ist charakteristisch, daß der Führer dieser neuen Bewegung, der Sozialdemokrat John Burns in London, Mitglied einer der bedeutendsten Trade Unions, nämlich der amalgamated engineers, ist.

An der gut sozialdemokratischen Gesinnung des Mr. Burns ist kein Zweifel. In einer zweistündigen Unterhaltung gab er uns rückhaltlos zu, Sozialdemokrat in unserem Sinne des Wortes, also nicht etwa Staats-sozialist, zu sein. Er will jedoch Schritt für Schritt — nicht in der überstürzenden Art der träumenden und theoretisirenden Sozialdemokratie in Frankreich und Deutschland — „die Arbeiter mit ihrem bisherigen Loose unzufrieden machen", um eine neue Zeit heraufzuführen. Den praktischen Boden bieten ihm dafür nach seiner Aussage einzig und allein die Trade Unions, zu deren praktischer Methode, taktischem Verhalten und geschäftlicher Organisation er den Enthusiasmus des Sozialisten hinzufügen will, um auch den ungelernten Arbeiter in seiner Lebenshaltung zu heben. Er geht dabei, nach seinen eigenen zu uns gethanen Aeußerungen, von der Theorie aus, daß die Leute, je mehr sie erhalten, desto begehrlicher werden, und daß, wenn ihr Verlangen nicht erfüllt wird, sie dann erst recht unzufrieden mit den jetzt bestehenden Arbeits- bezw. Kapitalverhält-nissen sein werden. Er erachtet die in ihrer Lebenshaltung gehobenen Arbeiter für weit besser geeignet, die Lehren der Sozialdemokratie in sich aufzunehmen, und glaubt daher, auf seinem Wege das von den Führern der kontinentalen Sozialdemokratie verfolgte Ziel weit besser und sicherer zu erreichen, gleichzeitig aber besser für die Arbeiter zu sorgen.

Die Erfolge, welche John Burns zu verzeichnen hat, zählte er uns nicht ohne Genugthuung auf. Den Trade Unions für Dockarbeiter sind 180 000 Mann beigetreten; binnen 6 Monaten hat er ferner 27 000 Gas-arbeiter organisirt; in 4 Wochen sind durch ihn 2000 Bäcker in London — von etwa 7000 — zu einer Trade Union zusammengebracht. Ferner sind neu organisirt 5000 Kohlenträger, 4000 Lightermen und 25 000 ge-wöhnliche Arbeitsleute in den Docks.

Das übrige Programm John Burns' ist bekannt.*)

Er gestand uns ein, daß er noch heute auf dem Boden dieses Pro-gramms stehe, dessen Durchführung aber natürlich nur „Schritt für Schritt" zu erreichen sei.

---

*) Er will eintreten für freie, obligatorische Jugenderziehung mit wenigstens Einer freien Mahlzeit täglich für bedürftige Kinder in den Gemeindeschulen; für den achtstündigen Maximalarbeitstag; für gleiches Wahlrecht aller Mündigen beiderlei Geschlechts, Bestreitung der amtlichen Wahlkosten aus öffentlichen Mitteln und Parlamentsdiäten; Abschaffung des Oberhauses und aller erblichen Aemter und Ehrenstellen; höchstens dreijährige Legislaturperioden; unabhängige Gesetzgebung für Irland, wie Davitt sie fordert; Nationalisation des Grundeigenthums und der

Den „achtstündigen Arbeitstag" will Burns durch das Gesetz eingeführt sehen. Er arbeitet darauf hin, indem er zunächst die Einführung dieser kurzen Arbeitszeit bei der Munizipalität Londons für die von ihr beschäftigten Arbeiter durchzusetzen hofft. Binnen Monatsfrist will er den diesbezüglichen Antrag im Town Council (Stadtrath von London) stellen. In letzterem ist er nach seiner eigenen uns gemachten Aussage mit Absicht im Anfang nur sehr gemäßigt vorgegangen und er glaubt bestimmt, auf diesem Wege großen Anhang zu erhalten und seine weiteren Absichten durchführen zu können.

Burns, der noch vor 7 Monaten als praktischer Maschinenarbeiter thätig war und erst 30 Jahre alt ist, entfaltet eine fieberhafte Thätigkeit, indem er neben der Stellung als Treasurer im Committee of Management des von ihm ins Leben gerufenen Blattes „The Labour Elector", welches bereits 30 000 Abonnenten zählt, pro Woche oft 40 Reden in Meetings u. dergl. hält. Bei den nächsten Wahlen hofft er bestimmt ins Parlament zu kommen.

Höchst charakteristisch ist das Urtheil Burns' über den Dockarbeiterstrike. In einem Artikel der von Archibald Grover redigirten „New Review" schreibt Burns wörtlich:

„Als Tradeunionist gewinne ich als Auffassung für die Praxis aus dem Strike die Forderung, daß in allen Gewerken sich Arbeiter-Gewerkvereine bilden müssen, daß eine Verbindung stattfinden muß und daß in Zukunft ein rasches und einmüthiges Vorgehen — an Stelle des bisherigen krampfhaften (spasmodic) und isolirten — zu treten hat.

Als Sozialist freue ich mich darüber, daß die organisirte Arbeit gezeigt hat, wie sie in vollem Maße dem Kapitalismus gewachsen ist und welch geringe Chancen diejenigen, welche die Arbeit ausbeuten wollen, haben, wenn sie einer festen Vereinigung von Männern gegenüberstehen, die entschlossen sind, ihr Ideal zu verwirklichen."

Dies ist die neueste Phase des Tradeunionismus in England; sie ist unter der ausgesprochenen Absicht, dem sozialdemokratischen Prinzip zum Siege zu verhelfen, ins Leben getreten.*) Wie sich dazu die alten Trade Unions stellen werden, bleibt abzuwarten.

Bergwerke; Abschaffung der stehenden Heere; größere Selbständigkeit der Gemeinde- und Graffschaftsverwaltungen und Kommunalisirung aller Monopole, wie der Gas- und Wasserversorgung, des Omnibus- und Pferdebahnverkehrs und dergleichen; Reichsföderation und Kolonisation im Inlande; Entstaatlichung der anglikanischen Kirche; Förderung der Temperenzbestrebungen; Arbeiterschutzgesetze.

*) An diesem Charakter der neuesten Phase dürfte es wenig ändern, daß sich in Newcastle-on-Tyne eine ebenfalls aus 12 000 unskilled men bestehende „Tyneside and District Labourers Association" gebildet hat, welche unter Leitung eines Mr. Stanley steht, der uns versicherte, absoluter Gegner der Sozialdemokratie zu sein, uns aber gleichwohl den Burns'schen „Labour Elector" als das Organ seiner Trade Union überreichte.

Inzwischen hat die „Union der nationalen Föderation der Arbeit" ein Manifest erlassen, in welchem die englische Arbeiterschaft zur Gründung eines einzigen großen nationalen Arbeitervereins aufgefordert wird, um kürzere Arbeitszeit und höhere Löhne zu erzielen. Die Arbeiter, so heißt es in dem Aufruf, brauchten nicht ihre Gewerkvereine zu verlassen, aber der Kombination des Kapitals müsse eine Kombination der Arbeit gegenübertreten. Jetzt sei die Arbeiterschaft in Fraktionen und Fraktiönchen gespalten, deren Führer meistens die Werkzeuge politischer Parteien wären. Die neue Organisation solle ein „Parlament der Arbeit" werden und das erlangen, wofür Generationen vergeblich gekämpft hätten. Unterzeichnet ist der Aufruf von den Londoner Sozialisten Williams, John Burns, Wood und Springfield. Der Plan läuft also schließlich auf Gründung einer großen Arbeiterpartei hinaus.

Zum Schlusse dieser anspruchslosen Arbeit darf daran erinnert werden, daß dieselbe nur Grundzüge für ein mündliches Referat bilden soll, in welchem die persönlichen Eindrücke und gesammelten Ansichten über den Einfluß der Trade Unions auf die englische Industrie vom Verfasser — und in der nachfolgenden Diskussion von seinen Reisegenossen — des Weiteren ihre Darlegung finden werden.

An diesen Bericht wurden noch folgende mündliche Mittheilungen geknüpft.

Herr Generalsekretär Dr. **Beumer** (Düsseldorf): Meine Herren, die von Ihnen nach England entsandte Kommission, welche die dortigen Arbeiterverhältnisse studiren sollte, hat, wie Sie wissen, die Vorstände Ihrer Vereine bereits durch vertrauliche Berichte über die Eindrücke unterrichtet, welche wir auf unserer mehr als vierwöchentlichen Reise empfangen hatten. Diese Berichte waren der Natur der Sache entsprechend Aufzeichnungen, welche lediglich den Zweck verfolgten, ohne irgend welche Kritik und ohne irgend welches eigene Urtheil das wiederzugeben, was wir in England gehört hatten, um einerseits die Vorstände über unsere Schritte auf dem Laufenden zu erhalten, andererseits aber auch unserem Gedächtniß später zu Hilfe zu kommen; denn wer, meine Herren, wäre im Stande, in der Wachsrolle seines Gehirns alle die Eindrücke zu fixiren, welche man erhält, wenn man 4 Wochen lang täglich 7 bis 8 Leute interviewt und bei dieser Gelegenheit eine Menge statistischen und anderen Materials sammelt, und wer wäre im Stande, über alle diese, zum Theil sich widersprechenden Meinungen sich sofort ein Urtheil zu bilden und mit kritischer Schärfe die Spreu vom Weizen zu sondern? In dieser Unmöglichkeit — denn eine solche liegt unseres Erachtens vor — haben Sie den besten Maßstab, der an diese Reiseberichte anzulegen ist, um deren Aufzeichnung sich mein hochverehrter Kollege Herr Bueck die größten Verdienste erworben hat. Diese Berichte sind, wie Sie wissen, durch einen groben Vertrauensbruch, für den die deutsche Sprache das bezeichnende Wort Diebstahl erfunden hat, zum Theil in die Oeffentlichkeit gelangt. Die große Liebe, deren sich unsere Industrie bei einem großen Theil der Presse zu erfreuen hat, ist gelegentlich dieser Veröffentlichungen in die Erscheinung getreten. Ein Jubel hüben und drüben, daß es durch Diebstahl möglich geworden, das zu erfahren, was wir in England gehört, ein Unterschieben, daß wir die Resultate dieser Reise überhaupt nicht hätten veröffentlichen wollen, weil sie uns unbequem gewesen wären, dann ein munteres theilweises Abdrucken des gestohlenen Gutes mit dem Triumphgeschrei, daß man nun endlich einmal der Industrie in die Papiere hineingesehen habe. Wenn wir die große Liebe dieser Preßorgane zu uns noch nicht gekannt hätten — hier wäre sie uns in ihrem ganzen Umfange klar geworden.

Nun, meine Herren, was zunächst den Vorwurf betrifft, daß wir die Resultate dieser Reise überhaupt nicht hätten veröffentlichen wollen, so brauche ich denselben in diesem Kreise nicht erst zu widerlegen. Nur darauf lassen Sie mich aufmerksam machen, daß wir die Veröffentlichung unverdauter Dinge gern jener Tagespresse überlassen, welche bekanntlich bei allen und noch einigen Dingen, selbst bei solchen, von denen sie nichts versteht, schnell mit dem Worte bei der Hand ist, von dem doch schon ein gewisser Schiller gesagt hat, daß es schwer sich handhabt wie des Messers Schneide. Wir hielten es vielmehr als denkende Menschen für unsere Aufgabe, das auf unserer Reise gesammelte Material kritisch zu sichten und auf diese Weise ein wirklich begründetes Urtheil zu gewinnen. Daß dazu Zeit gehört, zumal wenn man auch noch einiges Andere zu thun hat, scheint jene Presse nicht zu wissen, an die allerdings derselbe Schiller gedacht haben dürfte, wenn er sagt: „Was sie gestern gelernt, das wollen sie heute schon lehren. Ach, was haben die Herren doch für ein kurzes Gedärm!"

Als erstes Resultat der von uns für nothwendig gehaltenen kritischen Sichtung befindet sich die kleine Schrift in Ihren Händen, welche die Grundzüge für das heutige Referat in knapper Darstellung zu geben versucht. Wir meinten, bei der Massenhaftigkeit des in Betracht kommenden Materials würde es Ihnen wünschenswerth sein, schon vorher die thatsächlichen Angaben über das Wesen der Trade Unions in Händen zu haben, und ich darf vielleicht Ihre Uebereinstimmung voraussetzen, daß ich auf dieses thatsächliche, in dem gedruckten Referat niedergelegte Material heute hier nicht weiter eingehe, da ich mit meinen Reisegenossen die Diskussion über dieses Material für die Hauptsache der heutigen Versammlung halte. Wir sind natürlich sehr gern bereit, über Fragen, die in dem schriftlichen Referat behandelt sind, auf Wunsch eine weitere Auskunft zu geben.

So ist mir denn nun für die heutige Sitzung von meinen Reisegenossen der ehrenvolle Auftrag geworden, die Diskussion in aller Kürze dadurch einzuleiten, daß ich die Eindrücke wiedergebe, welche wir auf der englischen Reise hatten, und durch welche das gedruckte Referat in die nöthige Beleuchtung gerückt wird. Im Einverständniß mit meinem Kollegen Bueck kann ich es als Geschäftsführer nicht für meine Aufgabe halten, Ihnen Vorschläge auf Grund dieses Materials zu machen; vielmehr muß ich mich darauf beschränken, thunlichst objektiv die Eindrücke aus England wiederzugeben, wobei ich natürlich nicht umhin kann, einiges zu wiederholen, was die Vorstandsmitglieder unseres Vereins schon in den Reiseberichten des Herrn Kollegen Bueck gelesen haben.

Schon unsere Reiseroute, meine Herren — London, Margate, York, Darlington, Middlesborough, Saltburn, Newcastle, Tynemouth, Durham, Edinburgh, Dundee, Glasgow, Manchester, Liverpool, Bradford, Birmingham, nach London zurück — zeigt Ihnen, daß wir bestrebt waren, thunlichst alle kommerziell und industriell wichtigen Distrikte des vereinigten Königreichs aufzusuchen und auf diese Weise ein möglichst umfassendes Bild der englischen Arbeitervereinigungen zu gewinnen. Letztere beschränken sich, wie Sie aus den Grundzügen ersehen haben werden, durchaus nicht etwa auf die Trade Unions, sondern gliedern sich in vierfacher Richtung. Wir glaubten, dies besonders hervorheben zu müssen, weil die Friendly Societies, die Cooperative Societies und die Building Societies in mehr als einer Beziehung lehrreich für die Beurtheilung der englischen Arbeiterverhältnisse sind. Gerade sie zeigen, wieviel der englische Arbeiter aus seiner eigenen Tasche aufwendet, um sich für den Fall der Krankheit, des Unfalls, des Alters oder der Invalidität sicher zu stellen oder ein eigenes Heim zu besitzen. Bei der abfälligen Beurtheilung deutscher Arbeiterverhältnisse wird seitens der uns feindlichen Presse so viel auf die höheren Löhne in England hingewiesen; aber man verschweigt dabei, daß erstens in England die Lebenshaltung bei weitem theurer ist als in Deutschland, und daß weiterhin für den deutschen Arbeiter die Unfallversicherung ganz aus den Mitteln der Werke bestritten wird, die Krankenversicherung zum Theil und demnächst die Alters- und Invaliditätsversorgung zu zwei Dritteln aus der Tasche der Arbeitgeber und des Reichs aufgebracht wird. Ziehen Sie das von dem englischen Arbeiter für diese Zwecke aufgewandte Geld ab und berücksichtigen Sie dabei die eben vorher erwähnte Thatsache der theureren Lebenshaltung, so bleibt wahrlich dem englischen Arbeiter kein nennenswerth größerer Betrag zur freien Verfügung, als es beim deutschen Arbeiter der Fall ist. Charakteristisch erscheint mir auch die eigenartige Gestaltung der Building Societies, da man bezüglich der Erwerbung eines eigenen Heims den englischen Arbeiter auf die Selbsthilfe hinweist, während bei uns durchweg der Mahnruf zur Erbauung von Arbeiterwohnungen nur an das Großkapital gerichtet wird, das ja auch für sonstige Wohlfahrtseinrichtungen von Tag zu Tag mehr aufgefordert wird. Der englische Arbeiter — das haben wir durchweg gehört — will von diesen Wohlfahrtseinrichtungen seitens der Werkbesitzer nicht viel wissen, er will seine Arbeit möglichst hoch bezahlt haben, um sich dann selbst derartige Einrichtungen schaffen zu können, und wie mir scheint — aber ich kann mich ja täuschen —, haben auch die deutschen Arbeitgeber im Ganzen sehr geringen Dank für diese Wohlfahrtseinrichtungen geerntet, mit denen man hie und da in neuerer Zeit den Arbeiter geradezu überhäuft, ohne dabei auf seiner Seite die nöthige Gegenliebe zu finden. Gerade weil wir die sozialpolitische Gesetzgebung haben, scheint es mir dringend erforderlich, den deutschen Arbeiter doch auch etwas der eigenen Selbstverantwortung zu überlassen, wenn wir es nicht dahin bringen wollen, daß er sich in allem und jedem auf den Arbeitgeber oder auf den Staat verläßt.

Diese Vorbemerkung hielt ich, wie gesagt, nicht für unwichtig, wenn wir zu einer klaren Beurtheilung der englischen Arbeiterverhältnisse gelangen wollen.

Was nun die Trade Unions betrifft, so finden Sie die thatsächlichen Verhältnisse, unter denen ihre Wirksamkeit vor sich geht, in dem gedruckten Referat niedergelegt. Es kann sich also hier nur darum handeln, welchen Einfluß die Wirksamkeit der Trade Unions auf die englische Industrie ausübt. Auf unsere Frage, wie man mit den durch die Trade Unions geschaffenen Zuständen zufrieden sei, erhielten wir die verschiedensten Antworten. Auch ein so begeisterter Anhänger der Arbeitervereinigungen, wie es Mr. Hugh Bell in Middlesborough ist, mußte zugeben, daß eigentlich nur 5 Prozent der englischen Arbeitgeber die Einrichtung der Trade Unions aus Ueberzeugung hochschätzen, daß weitere 45 Prozent nur gezwungen dieser Bewegung nachgegeben haben, und daß die übrigen 50 Prozent noch heute bestrebt sind, sich die Trade Unions möglichst vom Halse zu halten. Was die Anhänger dieser Arbeitervereinigungen betrifft, so weisen sie übereinstimmend darauf hin, daß der durch dieselben geschaffene Zustand den früheren Verhältnissen durchaus vorzuziehen sei. Der Kampf zwischen Arbeit und Kapital — so wurde uns gesagt — habe zu der Zeit, als die Organisationen unter den Arbeitern noch ganz fehlten oder noch nicht so fest gestaltet waren wie heute, zur Bethätigung der äußersten Feindseligkeiten besonders seitens der Arbeiter, zu den schwersten, häufig wiederkehrenden Strikes geführt, die auf beiden Seiten verheerend wirken mußten. Dieser höchst traurige Zustand — so wurde hinzugefügt — habe in der Hauptsache aufgehört, seitdem sich die Arbeitgeber gezwungen sahen, die Trade Unions bezw. deren Vertreter anzuerkennen und mit ihnen als einer gleichberechtigten Macht auf dem Fuße vollkommener Gleichberechtigung zu verhandeln. In vielen Fällen würden heute Streitigkeiten lediglich durch Vermittelung zwischen den beiden Sekretären, dem Sekretär der Arbeitgeber und dem Sekretär der Arbeiter, beigelegt; geschehe dies nicht, so sei die Appellation an einen Schiedsrichter durchweg von bestem Erfolg begleitet. Es wurde freilich — und das ist sehr wichtig — hierbei nicht verschwiegen, daß nur derjenige Schiedsspruch Aussicht auf Anerkennung habe, der in richtiger Erkenntniß des Umstands abgegeben werde, auf welcher Seite gerade nach Lage der augenblicklichen Verhältnisse die Macht sei. Nehme der Schiedsspruch auf diese Verhältnisse nicht in der feinfühligsten Weise Rücksicht, so komme es früher oder später doch zu offenen Kämpfen, die sich dann in Arbeiterausständen bethätigten. Letztere aber seien da, wo die Trade Unions in der bezeichneten günstigen Weise wirken, äußerst selten.

Wenn wir zunächst nach dem Grunde fragen, meine Herren, warum es in England zum Theil möglich gewesen ist, mit den Arbeitervertretern seitens der Werkbesitzer auf dem Fuße völliger Gleichberechtigung zu verhandeln, so liegt dieser Grund, unserer Erfahrung nach, hauptsächlich in dem Umstande, daß bei den Forderungen der englischen Arbeiter weit mehr als bei uns das in England überhaupt eine große Geltung habende Wort „reasonable" eine große Rolle spielt, daß mit anderen Worten bei dem dortigen Arbeiter bezw. seinen Führern die Nothwendigkeit des Zusammengehens von Kapital und Arbeit klar erkannt und anerkannt wird.

Meine Reisegenossen werden mir bestätigen, daß wir stellenweise ganz betroffen waren von den ruhigen, sachlich-klaren und durch das Citiren hervorragender nationalökonomischer Schriftsteller begründeten Ausführungen, welche uns gegenüber seitens der Arbeitersekretäre gemacht wurden, deren wir eine große Zahl besuchten (Herr Bueck: die alle Arbeiter gewesen sind!) und die früher Arbeiter gewesen sind. Die Lohnforderungen müssen — so sagten durchweg diese Arbeitersekretäre — sich stets in reasonablen Grenzen halten: „Fair work, fair wages", oder „A fair day's pay for a fair day's work", „ein ehrlicher Lohn für ehrliche Tagesarbeit", mehr dürfe und könne nicht verlangt werden. Durch ein destruktives Vorgehen gegen das Kapital, fügte man hinzu, würde ja der Arbeiter selbst den Ast absägen, auf dem er sitze; durch übertriebene Lohnforderungen könne sich das Kapital veranlaßt sehen, sich von der Industrie zurückzuziehen, und dann bleibe dem Arbeiter gar nichts übrig. Nur eine auskömmliche, den Verhältnissen entsprechende, gute, sichere Existenz sei für den Arbeiter zu verlangen. Sei dieses Ziel erreicht, so sei gar nichts dagegen einzuwenden, wenn der Arbeitgeber großen Gewinn erziele, in Luxus lebe und Kapital anhäufe, denn dadurch werde die Arbeit wieder befruchtet. Solche gesunden Ansichten, meine Herren, fanden wir bei den gemäßigten Arbeiterführern durchweg, und Sie werden mir zugestehen, daß wir ein solches Material von Arbeitern in Deutschland zur Zeit noch nicht haben, daß im Gegentheil die Führer der Arbeiter zur Zeit eine so feindselige Stellung gegen das Kapital zur Schau tragen und zum Ausdruck bringen, daß schon aus diesem Grunde ein Verkehr mit ihnen auf dem Fuße völliger Gleichberechtigung unmöglich erscheint. Dieser gesunde Sinn eines großen Theils der englischen gelernten Arbeiter ist, wie es uns scheint, in erster

Linie auf den großen Bildungsdrang zurückzuführen, der in diesen Schichtten auf Schritt und Tritt gefunden wird, und es dürfte keine Abschweifung von meinem Thema sein, wenn ich den Herren, die unsere Reiseberichte nicht gelesen haben, auch nach dieser Seite hin ein paar kurze Mittheilungen mache.

Ein Schiedsrichter, der das Vertrauen der Arbeiter in seltener Weise genießt, Herr Dr. Spence Watson in Newcastle, erzählte uns, daß eines Tages 8 Arbeiter bei ihm gewesen seien, die sich bei ihm hätten raths erholen wollen. Da seien ein paar Professoren aus Oxford gekommen, die in etwas hochmüthiger Weise auf diese Arbeiter heruntergesehen hätten. Das habe sich aber bald geändert, als auf ein neues Werk „über die wirthschaftliche Expansionsfähigkeit Englands" die Rede gekommen sei und sich nun herausgestellt habe, daß die sämmtlichen 8 Arbeiter dieses vor drei Monaten erschienene Werk nicht nur gelesen, sondern auch so verstanden hatten, daß sich über dasselbe zwischen den Herren Professoren und diesen 8 Arbeitern eine fruchtbare Debatte anknüpfte, welche mehrere Stunden währte.

Herr Dr. Watson erzählte uns ferner, daß sich die Arbeiter in der Umgebung von Newcastle von dem dortigen University College junge Professoren kommen ließen, um sich über Gegenstände aus ihrem Fach Vorlesungen halten zu lassen. Es seien u. a. im vorigen Winter 12 Vorlesungen über Geologie gehalten worden, und da hätten in einem anderen fünf englische Meilen von diesem Bezirke entfernt gelegenen Orte die Arbeiter, welche nicht in der Lage gewesen wären, die Mittel aufzuwenden, um sich ebenfalls junge Gelehrte kommen zu lassen, zwei Vertreter nach diesem Ort gesandt, die den Vorlesungen beigewohnt und nun am anderen Abend das ihren Kollegen wieder erzählt hätten, was sie dort gehört. Und Herr Dr. Watson, der selbst einer solchen Vorlesung beiwohnte, fügte hinzu, er sei erstaunt gewesen über die Art und Weise, in welcher diese Belehrung vor sich gegangen wäre. Es steht ferner in unseren Reiseberichten, daß Mr. Burnett, der ruhig und klar urtheilende Labour Correspondent im Board of Trade, der also etwa die Stellung eines Geheimraths in unserem Handelsministerium einnimmt, noch vor fünf Jahren ein einfacher Maschinenarbeiter war. Wir trafen ferner einen früheren Fabrikinspektor, Mr. Davis, der Messingarbeiter gewesen war, nahmen auch an einem Meeting der Trade Union der Railway Servants Theil, in welchem 3000 Arbeiter in der ruhigsten und taktvollsten Weise parlamentarisch verhandelten. Es fiel uns auf, wie wir das auch in den Reiseberichten hervorgehoben haben, daß in diesem Meeting absolut nicht jene jungen Burschen anwesend waren, welche bei uns in derartigen Versammlungen das große Wort zu führen pflegen, daß namentlich die äußere Ordnung in vollendeter Weise aufrecht erhalten wurde. Kein Mensch hatte einen Hut oder eine Mütze auf; es wurde nicht geraucht und es wurde nicht getrunken, und dabei hielten diese Leute bei parlamentarischer Verhandlung volle 3½ Stunden in dieser musterhaften Ordnung aus, um dann ihre Beschlüsse zu fassen, die sich auch wieder in den reasonablen Grenzen hielten; denn sie forderten eine Herabsetzung der Arbeitszeit auf 10 Stunden, nachdem sie dargelegt, daß die letztere heute bei manchen englischen Eisenbahngesellschaften vielfach 16 Stunden und darüber betrage. Wir lasen später bei unserer Rückkehr in einer Zeitung, daß die Eisenbahndirektionen die Vertreter der Arbeiter empfangen und eine thunlichste Abhilfe der Mißstände zugesagt haben.

Alle diese Thatsachen, meine Herren — und darin werden Sie mit meinen Reisegenossen und mir einverstanden sein —, müssen uns doch zeigen, daß die Arbeiterverhältnisse in England vielfach ganz anders liegen als bei uns; und daß unter solchen Umständen die Möglichkeit eines Verkehrs mit den Arbeitern auf dem Fuße völliger Gleichberechtigung in England nicht geradezu überraschen kann, liegt auf der Hand. Ob aber auf ein Land, in welchem die Verhältnisse thatsächlich ganz anders liegen, derartige Vereinigungen ohne Weiteres übertragen werden können, dürfte doch noch sehr dem Zweifel unterworfen sein. Auch soll bezüglich jenes günstigen Urtheils, welches uns von vielen Arbeitgebern über die Wirkungen der Trade Unions auf die englische Industrie ausgesprochen wurde, hier nicht verschwiegen werden, daß in England durchweg der Wunsch besteht, die kontinentalen Löhne möchten in die Höhe steigen und es möge dadurch die Produktion auf dem Kontinente erschwert werden, damit England das ihm entrissene Exportgebiet zum Theil wiedergewinnen könne; daß aber zur Steigerung der Löhne auf dem Kontinent die Einführung der Trade Union das beste Mittel sein würden, hörten wir aus den uns abgegebenen Urtheilen der Arbeitgeber deutlich heraus.

Eine ganz treffliche Illustration dieser Thatsache fanden wir in den Berichten über den Birmingham Miners-Kongreß, in welchem über Zusammenberufung einer internationalen Bergarbeiterversammlung verhandelt wurde. Es wurde dort in ganz offener Weise erklärt, daß man mit der internationalen Sozialdemokratie nicht rechnen wolle, daß gewisse Herren, die etwa aus Paris herüberkämen, dort keinen Eindruck machen würden, sondern daß im Wesentlichen das Ziel dieser internationalen Bergarbeiter-Meetings sein müsse, die kontinentalen Arbeitsgenossen über den Werth ihrer Arbeit zu belehren und sie zu veranlassen, höhere Löhne und kürzere Arbeitszeit zu fordern. Und als wir nachher den obersten Beamten der Trade Unions den Mr. Broadhurst in London, sprachen, versicherte uns dieser in direktester Weise, daß allerdings für diesen internationalen Arbeiterkongreß kein anderes Ziel vorliege, als dadurch den Wettbewerb der deutschen, der belgischen und der französischen Kohle gegenüber der englischen zurückzudrängen. Ich glaube, er sagte uns sogar, Hamburg gehöre doch naturgemäß seiner Lage nach nicht zu Deutschland als Export=

gebiet für die Kohle, sondern zu England und müsse ganz für England zurückerobert werden. Ich habe diese Verhältnisse neulich, wie ein Theil von Ihnen vielleicht wissen wird, ausführlich in unserer Zeitschrift „Stahl und Eisen" niedergelegt,*) und ich bin der deutschen Presse sehr dankbar, daß dieser Artikel vielfach reproduzirt worden ist. Ich kann aber auch das als charakteristisch nicht verschweigen, daß die uns feindliche Presse von diesem Artikel absolut keine Notiz genommen hat, obgleich ja gerade diese Herren so furchtbar neugierig waren, etwas von dem aus uns herauszupressen, was wir in England erfahren hätten.

Um nun auf das günstige, über die Trade Unions gefällte Urtheil zurückzukommen, so wurde dasselbe nicht von allen englischen Arbeitgebern getheilt und als zutreffend anerkannt. Es wurde uns vielfach gesagt, daß nur da die Tradeunionisten bezüglich ihrer Forderungen sich in den richtigen Schranken hielten, wo den Trade Unions eine möglichst straffe Organisation der Arbeitgeber gegenüber stände. Wo diese Assoziation der Employers fehlt oder wo sie noch nicht geschlossen genug ist, da fehlt es thatsächlich nicht an Forderungen, deren Erfüllung die Industrie des Landes auf das Schwerste schädigen muß. Dies ist zum Theil beispielsweise im Schiffsbau der Fall, wo eine solche straffe Organisation der Unternehmer noch nicht besteht. In Folge dessen haben es die Tradeunionisten im Schiffsbau schon jetzt dahin gebracht, daß sie mit ganz offen ausgesprochener Absicht ihre Arbeit auf lange Zeit vertheilen, da sie bei den jetzt sehr hohen Löhnen es nicht nöthig haben, die ganze Woche zu arbeiten. Thatsächlich arbeiteten zu der Zeit, als wir in Glasgow waren, die Unionisten nur $3^1/_2$ bis 4 Tage in der Woche, ließen auch, nachdem sie ordnungsmäßig gekündigt hatten, auf den Schiffswerften zum Theil die schwere Arbeit liegen, um auf anderen Plätzen leichtere Arbeit zu bekommen, wodurch natürlich die Ablieferung der Schiffe bedeutend verzögert wurde. In einem anderen Falle — wir haben das auch in unseren Reiseberichten mitgetheilt — wurde auf Befehl der Trade Union die Arbeit deshalb auf einer Werft eingestellt, weil die Anzahl der Lehrlinge eine zu große und den Statuten der Trade Union widersprechende war. Die Arbeiter selbst wußten gar nichts von dem Grunde, der zum Befehl der Arbeitseinstellung geführt hatte, aber sie gehorchten natürlich dem Kommando, welches von dem Sekretär der Union ausgegangen war und legten die Arbeit nieder. Die Firma verhandelte dann mit dem Arbeiter-Sekretär und legte dar, daß die Union die von ihr geforderte Anzahl von Unionisten — denn das Verhältniß liegt ja, wie Sie aus der Druckschrift ersehen haben, vielfach so, daß der Arbeiter-Sekretär die Arbeiter engagirt und die Werke gezwungen sind, die Arbeiter anzunehmen, da Unionisten einfach nicht mit Nicht-Unionisten zusammen arbeiten —, daß also, sage ich, die Union die erforderliche Anzahl von gelernten Arbeitern

---

*) Siehe „Stahl und Eisen", 1889, Heft XII, S. 989.

— es handelte sich um Schiffszimmerleute — nicht gestellt hatte. Die Firma führte aus, sie habe lediglich deshalb mehr Lehrlinge eingestellt, weil sie nicht in der Lage gewesen sei, von der Union die erforderlichen Arbeitskräfte zu bekommen. Dann wurde allerdings auf Befehl der Union nun die Arbeit wieder aufgenommen und diese Lehrlingszahl dem Werk belassen, aber es hatte doch über 8 Tage die Arbeit auf der Werft vollständig still gelegen. Ich habe ferner in den Grundzügen erwähnt, daß in Glasgow eine Bewegung unter den Arbeitern sich dahin richtete, Bestimmungen auszuarbeiten, nach welchen es den Schiffsrhedern ferner nicht mehr erlaubt sein sollte, eine beliebige Anzahl von Schiffen zu bauen, daß vielmehr der Tonnengehalt der neu zu erbauenden Schiffe in einem bestimmten Prozentsatz zu der Zahl der untergegangenen oder außer Dienst gestellten Schiffe stehen und daß diese Zahl von Arbeitern und Arbeitgebern zusammen festgesetzt werden müsse. Daraus sehen Sie doch, daß die freie Selbstbethätigung der Industrie durch solche Union-Bestimmungen einfach aufgehoben ist, und zum Theil dürfte es auch darauf zurückzuführen sein, daß die englische Industrie einen Theil ihres Exportgebiets verloren hat. Es darf ferner nicht verschwiegen werden, daß in manchen Trade Unions das Gefühl der Uebermacht die Arbeiterführer zu gefährlichen Agitatoren gemacht hat, wie es uns namentlich bezüglich der Führer der Former versichert wurde. — Auch folgen die Arbeiter nicht in allen Fällen der Ansicht ihrer Führer. So versicherte uns Mr. Young, der Sekretär der Northumberland Miners Mutual Association, daß, als die Führer beim Eintritt des Rückganges, der in der Mitte der siebziger Jahre erfolgte, die Nothwendigkeit erkannt hätten, die Löhne zu reduzieren, ihnen die Arbeiter nicht gefolgt wären; die Folge sei der verderbliche Strike des Jahres 1876 gewesen. Es ist mir unbegreiflich, daß Herr Dr. v. Schulze-Gävernitz, der, wie wir mehrfach konstatiren konnten, ganz dieselben Leute interviewt hatte, zu denen wir kamen, in seiner sonst so verdienstlichen, in Schmollers Jahrbüchern veröffentlichten Arbeit diese Seite der englischen Trade Unions absolut verschwiegen hat, während er doch von denselben Leuten, die wir gesprochen haben, zweifellos auch über diese Schattenseiten der Trade Unions unterrichtet war. Es mag daher bei dieser Gelegenheit hier ausdrücklich konstatirt sein, daß diese Arbeit des Herrn Dr. v. Schulze-Gävernitz nur die Lichtseiten in der Trade Unions-Bewegung darstellt und aus ihnen zum Theil völlig falsche Schlüsse zieht, denn, meine Herren, wenn Herr Dr. v. Schulze-Gävernitz auf S. 150 wörtlich sagt: „Alle Sachverständigen stimmen darin überein, daß der hauptsächlichste Grund für die Stärke der englischen Eisenindustrie dem Auslande gegenüber in der friedlichen Gestaltung der zwischen Arbeiter und Arbeitgeber herrschenden Beziehungen liegt", wenn er also den Vorsprung der englischen Eisenindustrie der kontinentalen gegenüber auf die Trade Unions zurückführt, so kann ich konstatiren, daß uns seitens der englischen Sachverständigen auch nicht ein einziges Wort nach dieser Richtung gesagt worden ist, daß vielmehr die englischen Sachverständigen vielfach nicht verfehlt haben, auszusprechen, daß die Wirkung der Trade Unions zum Theil für den englischen Export verhängnißvoll geworden sei. Uebrigens weiß jeder Sachverständige, daß die Stärke der englischen Eisenindustrie dem Auslande gegenüber nicht in den Trade Unions, sondern in den natürlichen Verhältnissen des Landes, d. h. in den beiden Faktoren der nahen Zusammenlagerung von Eisen, Kohle und Kalksteinen und der insularen Lage des Landes, liegt, welche es gestattet, womöglich die noch warmen Schienen in die Seeschiffe zu verladen. Wer sich davon überzeugen will, meine Herren, braucht ja nur eine Fahrt durch den Middlesborougher Bezirk zu machen, wo er diese Rohmaterialien auf denkbar kürzesten Eisenbahnen direkt in die Hochöfen hineinfahren und die noch warmen Schienen in die Seeschiffe verladen sehen kann; der braucht auch nur die Strecke von Newcastle nach Tynemouth zu durchfahren, jene industrielle Hölle, wo die Kohlen den Werken direkt aus den Pits zugeführt werden und wo man die fertigen Fabrikate aus dem Werk unmittelbar in die Seeschiffe legt. Daraus, meine Herren, ist der Vorsprung der englischen Eisenindustrie der unserigen gegenüber zu erklären, und dieser Vorsprung wird ewig bleiben und würde auch vorhanden sein, ja vielleicht in größerem Maße vorhanden sein, wenn England keine Trade Unions hätte. Diese Faktoren haben England auch, was Herr Dr. v. Schulze-Gävernitz ebenfalls auf das Bestehen der Trade Unions zurückführt, um seine eigenen Worte zu gebrauchen, „die außerordentlich schwere Krisis von 1875 bis 79 verhältnißmäßig schnell überwinden lassen". Auch das dürfte doch zum größten Theil auf die natürlichen Verhältnisse des Landes und nicht auf die Trade Unions zurückzuführen sein. Diese Schlußfolgerung des Herrn Dr. v. Schulze-Gävernitz hat mich übrigens an das alte Wort erinnert: „Qui nimium demonstrat nihil demonstrat", wer zuviel beweisen will, beweist gar nichts, und es wäre mir lieb, wenn sich daran auch diejenigen Kreise erinnern wollten, welche aus der Arbeit des genannten Herrn ähnliche Schlüsse betreffs der Stärkung der Industrie eines Landes ziehen wollen, wie Herr Dr. v. Schulze-Gävernitz sie aus der Wirkung der Trade Unions geglaubt hat ziehen zu müssen.

Daß bezüglich der Trade Unions die Verhältnisse in Schottland zum Theil noch ganz anders als in England liegen, habe ich Ihnen in dem gedruckten Referat nachgewiesen, indem ich Ihnen unter Anderem dargelegt habe, daß im Lanarkshirer Kohlenbezirk die West of Scotland Coal Masters Association die dortige Trade Union der Arbeiter einfach ignorirt, daß ferner im Dundeer Jute-Bezirk die Lohnfragen durchweg seitens der Handelskammer geregelt werden, und anderes mehr. Auch hiervon, meine Herren — und ich halte dies für charakteristisch — hat Herr Dr. v. Schulze-Gävernitz, obgleich er auch in diesen Bezirken gewesen ist, kein Wort in seine Arbeit aufgenommen.

Diese Arbeit des Herrn Dr. v. Schulze-Gävernitz ist hier von mir etwas ausführlicher erwähnt worden, weil auf sie in manchen Kreisen wahrscheinlich ein größerer Werth gelegt werden wird, als sie ihn nach der Seite der Schlußfolgerungen des Verfassers hin thatsächlich verdient. Diese Arbeit konnte ferner, weil sie schon im Juni und Juli dieses Jahres veröffentlicht wurde, die neueste Phase des Tradeunionismus in England noch nicht berücksichtigen, weil sich die letztere erst seit September dieses Jahres zu vollziehen angefangen hat: der Versuch der Verschmelzung des Tradeunionismus mit dem Sozialismus.

Meine Herren, als Ihre Kommission in den ersten Tagen ihres englischen Aufenthalts bei den dortigen Arbeitgebern bezüglich sozialdemokratischer Bestrebungen unter den Arbeitern durchweg optimistische Anschauungen und für die Tendenzen der internationalen Sozialdemokratie so gut wie kein Verständniß fand, da waren wir über diese Thatsache nicht wenig erstaunt, und erst als wir mehrere Arbeiter-Sekretäre sich in der eben von mir berührten vernünftigen Weise über das Verhältniß zwischen Kapital und Arbeit hatten äußern hören, begriffen wir diesen Optimismus. Daß es aber doch ein Optimismus sei, davon vermochten wir uns schon damals nicht loszumachen, und wenn wir recht sehen, wird die Entwickelung der Dinge die Richtigkeit unserer Meinung bestätigen. Schon Mr. Burnett, der ruhig und klar urtheilende Labour Correspondent im Board of Trade, ein, wie Sie aus der Druckschrift gesehen haben werden, sehr warmer Anhänger der Trade Unions, bezeichnete uns die Ansicht, daß die Sozialdemokratie im kontinentalen Sinne in England noch nicht eingedrungen sei, als optimistisch und demgemäß den Thatsachen nicht entsprechend. Er gab zu, daß wirkliche sozialdemokratische Führer mit einem gewissen Anhange in England vorhanden seien; Sozialdemokraten gebe es in allen Trade Unions, wenn auch vorläufig in geringer Zahl. Auch in den Trade Unions als solchen, fügte Mr. Burnett hinzu, sei jetzt schon eine gewisse Hinneigung zur Sozialdemokratie vorhanden. So sei die Vereinigung der Londoner Setzer, welche noch vor drei Jahren einen ganz konservativen Charakter gehabt, jetzt völlig von sozialdemokratischen Ideen erfüllt. Bei dem guten Gange, den die Industrie jetzt habe, fügte Mr. Burnett hinzu, mache diese Bewegung im Allgemeinen nur geringe Fortschritte und in der Erkenntniß, daß die gegenwärtigen Verhältnisse der Agitation nicht günstig seien, hätten die sozialdemokratischen Führer einen viel milderen Ton angeschlagen. Bei dem Wiedereintritt schlechter Zeiten fürchte er aber, daß die Bewegung größere Dimensionen annehmen könne. Dagegen glaubte er nicht, daß das Streben des Mr. John Burns von Erfolg begleitet sein werde, die jetzt unorganisirten Massen nach Berufszweigen in Vereinigungen zusammenzufassen, die über das ganze Königreich ausgedehnt werden. Diese Vereinigungen, meinte Mr. Burnett, müßten zusammenbrechen, da sie mit der ganz auf lokalen Verbänden und auf der

Seßhaftigkeit ihrer Mitglieder beruhenden Entwickelungsgeschichte der englischen Arbeiterbewegung und auch mit dem Charakter des englischen Arbeiters im Widerspruch ständen. Ob Mr. Burnett mit dieser letzteren Ansicht Recht behalten wird, meine Herren, werden die Thatsachen lehren. Uns scheinen die großen Erfolge, welche Mr. Burns in ein paar Monaten erzielt hat, und bezüglich deren ich auf das gedruckte Referat verweisen darf, nicht blos momentan zu sein, wie er denn in der mehr als zweistündigen Unterredung, welche wir mit diesem dreißig Jahre alten Manne hatten, auf uns den Eindruck — ich kann nur sagen — eines unheimlich zielbewußten Mannes machte. Sein höchstes Ziel aber besteht darin, die Trade Unions zu sozialdemokratischen Vereinigungen zu machen und mit deren Hilfe sein sozialdemokratisches Programm Schritt für Schritt durchzuführen. In diesem Streben wird er selbstverständlich durch die sozialdemokratischen Elemente unterstützt, welche schon jetzt in den Trade Unions vorhanden sind, und ob er nicht auf die Dauer in dem Trade Unions-Kongreß, jener Einrichtung, über die ich das Nöthige in den Grundzügen gesagt habe, die Majorität bekommen wird, das wird ebenfalls die Zeit lehren müssen. Ich sagte in dem gedruckten Referate: Burns will mit der praktischen Methode, der geschäftlichen Organisation und dem taktischen Verhalten der Trade Unions den Enthusiasmus der Sozialdemokratie verbinden, und darin, meine Herren, liegt meines Erachtens die Gefahr, welche dieser Mann über die englische Industrie bringen kann und vermuthlich bringen wird. Denn die Maschinerie der Trade Unions funktionirt so vorzüglich, daß, wenn die Arbeitervertreter der verschiedenen, über das vereinigte Königreich verbreiteten Trade Unions einig sind, an einem einzigen Tage die gesammte englische Eisen-, Kohlen- und Textilindustrie durch sie zum Stillstand gebracht werden kann. Denken Sie sich eine solche Organisation durch sozialdemokratische Führer beherrscht, welche, wie John Burns, darauf aus gehen, die Massen mit ihrem bisherigen Loose unzufrieden zu machen, und welche, wie er, der Ueberzeugung leben, daß, um seine eigenen Worte zu gebrauchen, „die organisirte Arbeit in vollem Maße dem Kapitalismus gewachsen ist, und daß diejenigen, welche die Arbeit ausbeuten wollen, nur geringe Chancen haben, wenn sie einer festen Vereinigung von Männern gegenüberstehen, die entschlossen sind, ihr Ideal zu verwirklichen", dann werden Sie die Gefahr voll und ganz erkennen, und vielleicht läßt sich daraus auch ein Schluß darauf ziehen, ob derartige Organisationen, ohne Weiteres auf Deutschland verpflanzt und dort in die Hände sozialdemokratischer Führer übergehend, nicht eine ebenso große Gefahr bedeuten würden.

Auf diese neueste Phase des Tradeunionismus werden, wie ich gestern gehört habe, zwei meiner Reisegenossen, Herr Kollege Bueck und Herr Caron, wohl noch näher eingehen. Ich möchte als ganz besonders charakteristisch die in dem Gasarbeiterstreik hervorgetretene Thatsache hervorheben, daß sich dort die Arbeitervertreter mit Hand und Fuß dagegen gewehrt haben, daß dem Arbeiter eine Gewinnbetheiligung an dem Ertrag des Gaswerks zugebilligt wird. Meine Herren, wenn es jemals klar in die Erscheinung getreten ist, daß das Streben der Unionsführer lediglich darauf ausgeht, die Macht selbst in der Hand zu halten, dann ist dies dadurch zu Tage getreten, daß sie ein solches Bestreben, den Arbeiter am Gewinn zu betheiligen, bekämpfen und, wie es scheint, dabei den Arbeiter auf ihre Seite zu bekommen den genügenden Einfluß besitzen.

Ich muß nun in aller Kürze, bevor ich schließe, noch einen Punkt berühren, der die Einmischung des Staats in die Organisation der Arbeitervereinigungen betrifft, sei dieselbe positiver oder negativ-prohibitiver Art. Meine Herren, ich leugne nicht, daß es Fälle giebt, in welchen der Staat ordnend in industrielle Verhältnisse eintreten muß. Ich glaube aber, daß der Staat völlig seine Pflicht gethan hat, wenn er Ordnung hält, wenn er für die Aufrechterhaltung der Ordnung sorgt. Daß aber der Staat dazu übergehen könnte, Organisationen zu schaffen, die vielleicht aus dem einen Element der Arbeiter, aus dem anderen Element der Arbeitgeber und aus dem dritten Element des Herrn Regierungsvertreters bestehen, das, meine Herren, würde ich von meinem Standpunkt aus auf alle Fälle für sehr verhängnißvoll für die deutsche Industrie halten, und ich meine, dagegen sich zu wehren, habe die Industrie volle Veranlassung. In dieser Beziehung herrschte auch in England nur eine Ansicht, und zwar ebensowohl bei den Arbeitgebern als bei den Arbeitervertretern, die wir über die Einrichtung und Wirksamkeit der Trade Unions befragt haben. Es herrschte nur die eine Stimme, daß der Staat unter allen Umständen in die Entwickelung der Organisation der Arbeiter sich nicht einzumischen habe, daß also der Staat eine sich etwa bildende Organisation weder durch Polizeimaßregeln bekämpfen dürfe, noch viel weniger aber selbst Hand anlegen, um solche Organisation ins Leben zu rufen. In der schärfsten Weise sprach sich ein so hochintelligenter Mann wie Mr. Mather, der Inhaber der Salford Iron Works bei Manchester, gegen das Eingreifen des Staates oder der Gesetzgebung in das Verhältniß zwischen Arbeiter und Arbeitgeber aus, was nach seiner innersten Ueberzeugung niemals Segen, sondern nur Verderben herbeiführen werde. Möchten die Verhältnisse, sagte Mr. Mather, kommen wie sie wollen, Arbeitgeber und Arbeiter müßten sich allein überlassen bleiben. Sie würden auf dem einen oder anderen Wege schon zu einem Ausgleich kommen, den herbeizuführen der Staat niemals im Stande sein werde. Bei seiner Thätigkeit in den Vereinigten Staaten, in die er als Führer der Kommission zur Untersuchung der technischen Schulverhältnisse entsandt wurde, habe er Gelegenheit gehabt, diesen seinen unerschütterlichen Grundsatz bei der Regierung sowohl als bei den Arbeitgebern und Arbeitervertretern zur Geltung zu bringen.

Höchst auffallend, meine Herren, ist es uns gewesen, daß Herr Dr. v. Schulze=Gävernitz, der zweifellos namentlich auch von Herrn Mather diese Ansicht ausführlich darlegen zu hören in der Lage war, über die Nothwendigkeit, den Staat von der Organisation auszuschließen, in seiner Arbeit in Schmollers Jahrbüchern kein Wort gesagt hat.

Auch vor einer Einmischung der Arbeitgeber glaubte man in England uns warnen zu sollen. Solche Organisationen, wurde uns gesagt, dürften niemals von den Arbeitgebern ins Werk gesetzt werden, sondern müßten sich in natürlicher Weise entwickeln, um dann ihr Gegengewicht in Assoziationen der Arbeitgeber zu finden. Herr Hugh Bell in Middlesborough ging sogar so weit, daß er uns versicherte, er würde niemals den Versuch machen, einen bewährten Arbeiterführer durch irgend welche Mittel noch besonders zu stützen oder sein Ansehen zu erhöhen, da er auch hierdurch bei den Arbeitern nur Mißtrauen hervorrufen würde.

Wie nun diese Frage in Deutschland liegt, wo ja die Arbeiterverhältnisse ganz andere sind als in England, und ob es mit anderen Worten in Deutschland nicht möglich sein wird, eine Arbeitervertretung auch mit Hilfe der Werksbesitzer zu schaffen, das, meine Herren, muß, wie ich glaube, die nachfolgende Diskussion lehren. Ich bin mit meinen Mittheilungen zu Ende, weil ich, wie gesagt, es nicht als meine Aufgabe betrachten konnte, hier mit positiven Vorschlägen hervorzutreten, sondern die Aufgabe des geschäftsführenden Theiles Ihrer Vereine nur darin erblicken mußte, unsere Erfahrungen in England darzulegen. Die Schlüsse aus diesem Material zu ziehen wird Sache Ihrer Berathung sein, die, wie ich nicht zweifle, nur das Beste der deutschen Industrie im Auge haben wird. (Beifall.)

Herr Generalsekretär **Bueck** (Berlin): Meine Herren, ich habe Ihnen über die Resultate unserer Reise nichts weiter mitzutheilen. Ich wollte mir nur gestatten, über die neueste Bewegung in England, die ich mich bemüht habe zu verfolgen, Ihnen einige Mittheilungen zu machen, in der Voraussicht, daß dies für Ihre späteren Berathungen von Interesse sein wird. Zuvor möchte ich mir jedoch erlauben, an die Ausführungen meines Herrn Kollegen aus Düsseldorf einige wenige Bemerkungen zu knüpfen.

Zunächst hat Herr Dr. Beumer den Satz als unbedingt feststehend hingestellt, daß der Lebensunterhalt des englischen Arbeiters wesentlich kostspieliger sei als derjenige des deutschen Arbeiters. Ich möchte diesen Satz nicht mit solcher Bestimmtheit aussprechen. Ich habe dazu folgende Gründe: Vor einigen Wochen besuchte mich ein bekanntes Mitglied des Reichstags — der Herr ist auch Industrieller —, welches auch eine Studienreise in England vor kurzer Zeit gemacht hat, speziell um die Frage zu studiren, wie sich die Preise der von den Arbeitern verwendeten Lebensmittel im Vergleich zu Deutschland stellen. Dieser Herr sagte mir, daß er zu dem ganz entschiedenen Resultat gekommen sei, daß nach seinen sehr eingehenden Ermittelungen, abgesehen von den Wohnungsverhältnissen in London, der Lebensunterhalt für den englischen Arbeiter nicht nur nicht kostspieliger, sondern billiger als in Deutschland sei. Ganz entschieden geringer seien die Preise für Brod und Fleisch. Nach meinen Beobachtungen, meine Herren, möchte ich namentlich das Letztere als unbedingt richtig hinstellen. Einfach nach den Preisnotirungen, die ich an den Schaufenstern der Fleischerläden gesehen habe, muß ich sagen, daß das Fleisch für den Arbeiter in England billiger ist, namentlich für Schweine-Schinken und -Schultern und für Speck. Diese Sachen, anscheinend in sehr guter Qualität, werden in den Schaufenstern, zum Theil abgekocht, massenhaft zu 5, 5½ und 6 d. das englische Pfund feilgeboten. Ich führe die verhältnißmäßige Billigkeit dieser Nahrungsmittel auf die außerordentlich große Einfuhr aus Amerika zurück, von der einen überraschenden Begriff zu bekommen wir beim Besuch verschiedener großer transatlantischer Dampfer in Liverpool Gelegenheit hatten. Der neueste dieser Riesendampfer hielt 10 500 Registertons.

Dann, meine Herren, hat Herr Kollege Beumer in Bezug auf die Einmischung der Gesetzgebung vollständig das reproduzirt, was er in seinem gedruckten Bericht gesagt hat. In Bezug hierauf möchte ich noch hervorheben, daß auch in England eine Partei jetzt besteht und **stark im Wachsen begriffen ist**, die das Eingreifen der Gesetzgebung in die sozial-politischen Verhältnisse fordert. Diese Strömung geht aus von einem Flügel der radikalen Parlamentarier, von denen beispielsweise verlangt wird, daß der Achtstundentag durch Gesetz eingeführt werden soll. Dieses Verlangen findet bereits einen starken Widerhall im Lande. Aus den thatsächlichen Mittheilungen, die ich mir erlauben werde Ihnen zu machen, werden Sie ferner entnehmen, daß auch zwei Trade Unions auf die Frage, wie in Zukunft Strikes zu vermeiden sind, die Antwort gegeben haben: Durch das Eingreifen der Gesetzgebung und des Staates. Also, meine Herren, so ganz bestimmt kann man nicht sagen, daß in England von allen Seiten die Einmischung des Staats entschieden zurückgewiesen wird.

Dann, meine Herren möchte ich noch zur Illustration etwas hinzufügen. Mein verehrter Herr Kollege schilderte Ihnen die Versammlung der niederen Eisenbahnbeamten, von Lokomotivführern und Zugwärtern abwärts, in Manchester. Sie war wirklich im höchsten Grade interessant, aber eins dabei besonders: daß der ganze Vorgang in der Versammlung vorher von dem Vorstande festgestellt war. Der Vorstand und die Redner, die vom Vorstande ausgewählt worden, befanden sich auf der nach englischem Gebrauche errichteten Plattform, und keinem der 3000 versammelten Leute fiel es auch nur ein, um das Wort zu bitten, keiner aus der Versammlung hat ein

Wort gesagt, außer Beifalls- und Mißfallensbezeugungen, sondern es sprachen nur die Leute, die vom Vorstande vorher dazu bestimmt waren, und als die gesprochen hatten, wurde über die von der Plattform aus eingebrachten Resolutionen abgestimmt und die Versammlung geschlossen. Wenn man damit das wüste Treiben in unseren Arbeiterversammlungen vergleicht, so muß man sagen, daß die Disziplinirung der englischen Arbeiter seitens ihrer Führer zum Mindesten mehr Garantie für äußere Ruhe und Ordnung bietet. Daß aber die Organisationen der Arbeiter und deren Führer keine Garantie bilden dafür, daß nur verständige Forderungen erhoben werden, oder für die Erhaltung des Friedens zwischen Arbeitern und Arbeitgebern überhaupt, dafür möchte ich durch die folgenden Ausführungen einiges Material beibringen.

Die Schriften, meine Herren, welche bisher über die Arbeiterorganisationen und deren Wesen und Wirken veröffentlicht sind, theilweise auch die von uns erstatteten Berichte, namentlich die Reiseberichte, welche wir die Ehre hatten direkt von England den geehrten Mitgliedern der Vereinsvorstände zu übersenden, könnten die Annahme rechtfertigen, daß wirklich mit der Organisation der englischen Trade Unions ein sehr weiter Schritt vorwärts zur friedlichen Gestaltung des Verhältnisses zwischen Arbeiter und Arbeitgeber gemacht worden ist. Diese Annahme hat schon mein Herr Kollege zurückgewiesen, mindestens auf einen sehr geringen Raum beschränkt, und auch ich muß mich ihm auf Grund einer Statistik der in England stattgehabten Streiks anschließen, deren wichtigster Theil die Statistik für das Jahr 1888 bildet.

Eine solche Statistik aufzustellen hat zuerst ein Mr. Howell versucht, indem er die Strikes bis zum Anfang dieses Jahrhunderts verfolgte. Mr. Howell ist früher Arbeiter gewesen, beschäftigt sich jetzt mit schriftstellerischen Arbeiten und ist Mitglied des Parlaments. Sie hat Aufnahme gefunden in dem mir vorliegenden „Report on the Strikes and Lock-outs of 1888 by the Labour Correspondent to the Board of Trade". Dieser Bericht ist vor etwa 3 Wochen erschienen und abgefaßt von dem Mr. Burnett, von welchem Ihnen mein Herr Kollege mitgetheilt hat, daß er früher Arbeiter gewesen und jetzt als verhältnißmäßig hoher Beamter im Board of Trade angestellt ist. In diesem Bericht wird die Statistik des Mr. Howell als außerordentlich lückenhaft bezeichnet. Ich will daher auf dieselbe nicht weiter eingehen, sondern nur bemerken, daß aus derselben zu entnehmen ist, wie außerordentlich umfassend und verheerend die Strikes in den früheren Jahren gewesen sein müssen. Strikes, bei denen 30- und 40 000 Arbeiter betheiligt waren und welche bis zu 7 Monaten dauerten, gehörten nicht zu den Seltenheiten.

Ein um Vieles brauchbareres Material liefert eine Statistik, welche Mr. Bevan dem im Jahre 1880 stattgehabten statistischen Kongreß unterbreitet hat. Diese Statistik befaßt sich mit den Strikes, welche vom

1. Januar 1870 bis zum 1. Dezember 1879, also in fast 10 Jahren, in England stattgefunden haben.

Die Periode der 70er Jahre ist sehr fruchtbar für Strikes gewesen, einmal durch den außerordentlichen wirthschaftlichen Aufschwung in der ersten Hälfte des Jahrzehnts und dann durch den schweren Niedergang in der letzten Hälfte, besonders in den Jahren 1877, 1878 und 1879. Die Statistik des Mr. Bevan berichtet über 2352 Strikes in den betreffenden 10 Jahren. Das günstigste Jahr war 1870 mit 30 Strikes, das ungünstigste 1873 mit 365 Strikes. Die Periode schloß 1879 mit 308 Strikes in 11 Monaten. Von den gesammten Strikes fallen 598 auf das Baugewerbe, 390 auf das Metallgewerbe, 339 auf den Bergbau, 277 auf die Textilindustrie, 140 auf den Schiffsbau und so im verminderten Umfange fort bis zur Landwirthschaft, welche die geringste Zahl von Strikes, nämlich nur 18, aufzuweisen hat.

In der ganzen Zusammenstellung des Mr. Bevan ist am interessantesten eine über 114 spezielle Strikes aufgestellte Liste. Bezüglich dieser Strikes sind nach Mittheilungen, die als vollständig zuverlässig bezeichnet werden, auch die Verluste der Arbeiter an Lohn berechnet. Es handelt sich auch hierbei um sehr ernste Konflikte. Ich greife nur heraus den Strike von 1871 in der Baumwollenindustrie in Oldham, bei welchem 35 000 Arbeiter betheiligt waren; dieser Strike dauerte freilich nur 1 Woche. Im gleichen Jahre fand zu South-Wales im Kohlenbergbau ein 12 Wochen dauernder Strike statt, welcher 18 000 Arbeiter umfaßte. Im Londoner Baugewerbe strikten 1872 10 000 Arbeiter 12 Wochen, 1873 in South-Wales im Kohlenbergbau 70 000 Arbeiter 11 Wochen und 1878 in Lancashire 300 000 Arbeiter in der Baumwollenindustrie 9 Wochen. In demselben Jahre, 1878, fanden 21 Strikes auf einzelnen Zechen statt, welche 15 010 Personen betrafen. Einer dieser Strikes dauerte 12 ein anderer 26 Wochen. In diesen erwähnten 114 Strikes sind nach der Berechnung des Mr. Bevan den Arbeitern an Löhnen 5 067 825 Lstrl. oder rund 101 356 500 Mark entgangen. Mr. Bevan knüpft hieran die Frage: wie groß mag der Verlust bei den übrigen 2238 Strikes gewesen sein? Jedoch, meine Herren, das Alles ist kein absolut zuverlässiges Material; ein solches befindet sich erst in der von Mr. Burnett aufgestellten und vom Board of Trade veröffentlichten Statistik für das Jahr 1888. Mr. Burnett hatte bereits versucht für das Jahr 1887 eine derartige Statistik aufzustellen. Es wurden zu diesem Zwecke am Schlusse des Jahres Fragebogen an die Industriellen und an die Vertreter der Arbeiterorganisationen ausgeschickt. Dieser Versuch mißglückte vollständig, da nur sehr wenige Fragebogen beantwortet zurückgingen. Auf Grund dieser Erfahrungen hat Mr. Burnett für 1888 ein anderes Verfahren eingeschlagen. Sofort nach dem Ausbruch eines Strikes wurden Fragebogen an beide betheiligten Parteien, die Arbeitgeber wie an die Vertreter der strikenden Arbeiter, ge-

4*

schickt und mit diesem System hat Mr. Burnett einen durchschlagenden Erfolg erzielt. Mr. Burnett selbst sagt, daß in seiner Statistik nur die ganz kleinen, unbedeutenden Strikes, die nur verhältnißmäßig wenige Personen betroffen und nur einige Tage gedauert hatten, nicht aufgeführt sind, daß im Uebrigen aber die Statistik ein ganz klares und richtiges Bild gewähre.

Die Statistik, meine Herren, berichtet über 509 im Jahre 1888 vorgekommene Strikes. Bekanntlich hat die aufsteigende wirthschaftliche Bewegung erst im Jahre 1888 begonnen und in demselben nur sehr langsame Fortschritte gemacht. Wenn demgemäß in der allgemeinen Lage noch kein großer Anreiz zu Lohnstreitigkeiten zu erblicken war, so beweist der Umstand, daß in diesem Jahre doch 509 Strikes vorgekommen sind, fast schon genügend, daß die Trade Unions zur vollständigen oder sehr weitgehenden Verhütung von Arbeiterstreitigkeiten nicht gedient haben.

Von den 509 Strikes entfallen 155 auf die Baumwollenindustrie und 137 auf den Bergbau. In diesen beiden Industriezweigen haben demgemäß 57,3 Prozent der sämmtlichen Strikes stattgefunden; werden Schiff- und Maschinenbau noch hinzugenommen, so fallen auf diese 4 Gewerbe 74,6 Prozent der stattgehabten Strikes.

Geographisch vertheilen sich die Strikes wie folgt: 392 auf England, 22 auf Wales, 94 auf Schottland, 1 auf Irland.

Trotz der langsam aufsteigenden Bewegung war doch bereits bei 320 Strikes oder 62¼ Prozent die Forderung höherer Löhne die Ursache derselben. Von diesen 320 Strikes sind 175 erfolgreich für die Arbeiter gewesen. Von 54 Strikes, welche inszenirt wurden, um Lohnreduktionen abzuwenden, haben nur 12 den von den Arbeitern angestrebten Erfolg gehabt. Derjenige Theil der Strikes, welcher gänzlich oder theilweise erfolglos gewesen ist, war verhältnißmäßig klein. Es entspricht dies der Erfahrung, daß in Zeiten geschäftlichen Aufschwungs, wenn derselbe auch noch nicht mit solcher Intensität wie gegenwärtig auftritt, in Zeiten also, in denen die Nachfrage nach Arbeitern steigt, die meisten Strikes für die Arbeiter erfolgreich verlaufen. Die größte Zahl dieser Erfolge ist von den Grubenarbeitern in den Kohlenzechen erstritten. Es haben in dieser Industrie zahlreiche einzelne Ausstände stattgefunden, welche aber meistens nur kurze Dauer hatten und durch gegenseitige Aussprache und Verhandlung beigelegt wurden. 66 Strikes waren verursacht durch Unzufriedenheit der Arbeiter mit den Arbeitsbedingungen, mit der Arbeitszeit und mit dem ihnen zur Verarbeitung überwiesenen Material; 22 Strikes bezogen sich auf Aenderung der Arbeits- und Wohnungsbedingungen; 10 hatten von Seiten der Arbeiter die Einführung oder Vertheidigung von Bestimmungen der betreffenden Trade Unions als Ursache; 15 Strikes gingen aus Unzufriedenheit mit den Unterbeamten hervor; 6 Strikes bezweckten die Wiedereinstellung entlassener Arbeiter.

Bei 180 ganz erfolgreichen Strikes, über die in dieser Beziehung vollständige Angaben vorliegen, waren 65 598 Personen betheiligt, bei 92 mißglückten Strikes 29 600 Personen und in 44 theilweise erfolgreichen Strikes 17 602 Personen.

In Bezug auf die Frage, in welcher Weise die ausgebrochenen Strikes beigelegt worden sind, ist von außerordentlichem Interesse, daß die meisten Strikes durch gegenseitige Uebereinkunft nach vorhergegangenen Verhandlungen, also durch Ausgleich, ihr Ende gefunden haben. Für dieses Verfahren besteht in England der Ausdruck „Conciliation". Eine Beilegung durch schiedsgerichtlichen Spruch, „Arbitration", hat nur in ganz außerordentlich geringem Umfange stattgefunden.

Von den 509 Strikes sind durch Conciliation, also durch gegenseitige Verhandlung und Uebereinkunft, 382 geschlichtet worden, durch Schiedsspruch nur 15. 85 Strikes erreichten durch vollständige Unterwerfung der Arbeiter ihr Ende, 23 indem die strikenden Arbeiter durch andere ersetzt wurden, 3 durch theilweise Unterwerfung und Ersatz, 1 durch theilweise Unterwerfung und Uebereinkunft. 1 Strike von 1888 war zur Zeit des Berichts noch nicht beendet und über 49 Strikes fehlen die Angaben. In dem die Statistik begleitenden Bericht wird gesagt, daß, wenn ein Strike wirklich angefangen hat, die Mittel, die Schwierigkeiten zu heben, in ihrer Anzahl nur außerordentlich beschränkt sind, daß, wenn mit den Ausständigen eine Schlichtung der Streitigkeiten stattfinden soll, dies nur geschehen kann durch Verkehr der beiden betheiligten Parteien, durch Conciliation. Der einzige Fall, in welchem die Conciliation keine Rolle spielt, sei derjenige, in welchem die strikenden Arbeiter geschlagen sind und zu den vorher zurückgewiesenen Bedingungen zur Arbeit zurückkehren, oder wenn sie ersetzt sind durch andere Arbeiter, welche die Bedingungen der Arbeitgeber annehmen. Es sei leicht zu erkennen, heißt es weiter, daß bei Bedingungen des Arbeitsmarktes, welche denjenigen des Jahres 1888 entgegengesetzt sind, der Theil der erfolgreichen Strikes geringer und demgemäß die Art und Weise der Schlichtung der Streitigkeiten eine andere sein würde.

Bei 354 Strikes, von denen die betreffenden genauen Angaben vorliegen, waren 87 764 Personen direkt und 30 524 indirekt, im Ganzen 118 288 Personen betheiligt. Von den direkt betheiligten Personen haben sich nur 3851 geweigert an dem Strike Theil zu nehmen.

Bezüglich des entstandenen Verlustes sind die Angaben am wenigsten vollständig. Bei 200 Strikes ergiebt sich ein Ausfall an Löhnen von 68 541 Lstrl. = 1 370 820 Mark für die Arbeiter. Die Schließung und Wiedereröffnung der Werke, die Zahlung der Gehälter für die fest angestellten Beamten haben bei 107 Strikes den Arbeitgebern 47 121 Lstrl. = 942 420 Mark, außerdem aber den Verlust an Verzinsung eines Kapitals von 6 001 659 Lstrl. = 120 033 180 Mark ergeben. Bezüglich 422 Strikes, von welchen der Beginn und das Ende angegeben waren, konnte das

Ergebniß dahin festgestellt werden, daß sie zusammen 7265 Tage gedauert hatten, im Durchschnitt also jeder Strike 17 Tage. Bei 328 Strikes, bezüglich welcher Angaben über die Dauer und die bei denselben betheiligten Personen vorlagen, ergab sich eine Dauer von 6317 Tagen mit 109 951 Personen, im Durchschnitt hatte also jede Person 19 Tage, hatten die Strikenden zusammen 2 089 069 Tage verloren. Die Frage, wie in Zukunft Strikes vermieden werden können, ist von 72 Trade Unions beantwortet. Ein Drittel derselben sagte: durch Schiedsspruch, ein Drittel: durch gegenseitige Uebereinkunft; zwei haben sich dahin ausgesprochen, daß die Einführung von Sliding scales bezüglich der Regelung der Löhne geeignet wäre, Strikes zu vermeiden; zwei verlangen **Eingreifen des Staats** bezw. **der Gesetzgebung**; sechs Trade Unions sind für Verbesserung und Erweiterung der Organisation derselben als Mittel, um Strikes zu verhüten; eine ist für das Antheilssystem; eine andere verlangt bessere Organisation der Arbeitgeber; acht verlangen Festsetzung einer festen Preisliste und treue Haltung derselben seitens der Arbeitgeber, und **einige wenige benutzen diese Gelegenheit, um nach sozialdemokratischem Muster zu verlangen, daß die Arbeiter volle Kontrole über die Produktionsmittel erlangen müßten.** Also auch hieraus ersehen Sie, meine Herren, daß die Trade Unions schon von sozialdemokratischen Anschauungen durchsetzt sind.

Meine Herren, für die Beurtheilung der Fragen, welche uns jetzt so lebhaft beschäftigen, ist von außerordentlichem Interesse der Verlauf, den die Arbeiterbewegung in letzter Zeit in England genommen hat. Dieselbe zeigte ihren akuten Charakter zuerst bei dem großen Dockarbeiterstrike in London im Sommer dieses Jahres. In Bezug auf diesen wird es vielleicht von Interesse für Sie sein, zu hören, was ein Londoner Importeur nunmehr an Herrn Burns, den Leiter jenes Strikes und den jetzigen großen Führer und Organisator der englischen ungelernten Arbeiter, geschrieben hat. Der betreffende Importeur spricht zunächst dem Herrn Burns in ironischer Weise den Dank für seine Bemühungen aus, welche keine andere Folge haben werden, als einen großen Theil des Handels dem Hafen von London zu entziehen. Er schreibt dann weiter:

„Wir erhalten regelmäßig Waaren von Deutschland über Rotterdam, von wo aus sie direkt nach London verschifft werden. Hier werden sie von unseren Landungswerftenbesitzern nach unserem keine zehn Minuten von der Werft entfernten Speicher befördert. Früher berechnete der Werftenbesitzer 1 Lstrl. 10 sh. die Tonne, nach dem Strike der Lichterleute aber verlangt er 2 Lstrl. 15 sh. Da wir dies nicht zahlen können, so werden wir unsere Waaren in Zukunft nach einem anderen Hafen dirigiren. In Rotterdam kostet das Ausladen der Waaren bis zum Hinaufschaffen in den Speicher nur 1 Lstrl. die Tonne. Man vergleiche diesen Betrag mit dem von 2 Lstrl. 15 sh., so wird man zugeben, daß alle Aussicht besteht, daß die Schifffahrt Londons sich nach anderen Plätzen hinzieht."

Es ist in diesem Schreiben also bestätigt, daß von den Arbeitern der Bogen zu straff gespannt ist, und daß durch das unbesonnene Vorgehen der Arbeiter dem Handel und der Schifffahrt Londons, somit den Interessen der Arbeiter selbst, außerordentlicher Schaden bereitet wird.

Es ist Ihnen bekannt, meine Herren, daß sich die öffentliche Meinung in England in umfassender Weise auf die Seite der Dockarbeiter stellte, ebenso wie sich hier in Deutschland bei dem Strike der Bergarbeiter im Frühjahr die öffentliche Meinung, ohne auf eine nähere Prüfung der Verhältnisse einzugehen, der Strikenden annahm. Hochgestellte Personen, hervorragende Politiker, Kirchenfürsten und Parlamentarier, nahmen sich der Dockarbeiter an, und so wurden die Dockgesellschaften zum Nachgeben gezwungen. Dieser Verlauf des Strikes, der unzweifelhafte Erfolg der Arbeiterbewegung und die nunmehr im schnellen Tempo sich bessernden wirthschaftlichen Verhältnisse haben die Arbeiterbewegung in England außerordentlich gefördert. Dieselbe breitete sich, wie eine ansteckende Krankheit, über das ganze Land aus und ist nunmehr fast allgemein geworden.

Ich habe mich bemüht aus den wenigen englischen Zeitungen, welche mir regelmäßig zur Verfügung stehen, einen Ueberblick über die Bewegung lediglich im verflossenen November zu gewinnen, und ich habe hier vor mir ein Verzeichniß liegen, in welchem ca. 60 in dem genannten Monat ausgebrochene Konflicte und Strikes verzeichnet sind. An diesen Konflicten und thatsächlich ausgebrochenen Strikes waren betheiligt Dock- und Gasarbeiter, Grubenarbeiter in den Erz- und Kohlenbergwerken, Hüttenleute, Maschinen- und Schiffsbauer, Kessel- und Grobschmiede, Bäcker, Müller, Mälzer, Eisenbahnbeamte und -Arbeiter, die sogenannten Postmen, Pferdebahn- und Omnibusangestellte, Pflasterer und Kohlenträger, Lichterleute und Andere mehr. Die Forderungen richteten sich in erster Reihe auf Lohnerhöhungen von 5 bis 15 Prozent; in den meisten Fällen wurden 10 bis 15 Prozent gefordert. Eine weitere, fast noch mehr bringlich auftretende Forderung war diejenige der Verkürzung der Arbeitszeit auf 12, 10, 9, 8 Stunden; in den meisten Fällen verlangte man die neun- und achtstündige Arbeitszeit. Weiter wurde gefordert erhöhte Bezahlung der Ueberzeit und der Sonntagsarbeit. In vielen Fällen handelte es sich um die Nichteinstellung bezw. Entlassung solcher Arbeiter, die den Trade Unions nicht angehörten, der sogenannten Blacklegs; auch hing damit häufig die Forderung der Wiedereinstellung entlassener Arbeiter zusammen. Die Lichterleute und Dockarbeiter forderten die Bezahlung der Zeit als Arbeitszeit, welche durch die Mahlzeiten in Anspruch genommen wird. In einzelnen Fällen wurde gestrikt, um die Forderung durchzusetzen, daß die Angestellten der Gesellschaften Mitglieder der Trade Unions werden. Man verlangte auch die Anerkennung gewisser

Tage als Feiertage und die Bezahlung desjenigen Sonnabends, an welchem keine Löhnung stattfindet, als vollen Arbeitstag. Bekanntlich wird durchweg auf allen Arbeitsplätzen in England, abgesehen jedoch von der Landwirthschaft, die Arbeit am Sonnabend um 1 Uhr Mittags eingestellt. Mehrfach drehte es sich um die Forderung der wöchentlichen Lohnzahlung, anstatt der Lohnzahlung alle 14 Tage.

Meine Herren, bezüglich dieser ganzen Arbeiterbewegung ist zu bemerken, daß die vom Sozialistenkongreß in Paris aufs Neue mächtig angeregte Achtstundenbewegung, welche auch in Deutschland große Fortschritte macht, in England bereits namhafte Erfolge zu verzeichnen hat. In Folge der im November ausgebrochenen Strikes haben den Achtstundentag an Stelle der zwölfstündigen Arbeitszeit bewilligt erhalten die Gasarbeiter in Glasgow ohne Lohnreduktion; die Arbeiter der Newcastle und Gateshead Gas Company vom 1. Januar 1890 ab, bis dahin sollen die Löhne um 10 Proz. erhöht werden; die Arbeiter der Tynemouth Gas Company unter den gleichen Bedingungen, sowie die Arbeiter der chemischen Fabriken von Brunner, Mond & Co., Northwich. Auf letzteren Werken sind zur Durchführung des Achtstundentages 3 Schichten, an Stelle von bisher 2, in 24 Stunden eingeführt, was zur Folge gehabt hat, daß ca. 300 Arbeiter neu eingestellt werden mußten.

Dieser Mehrbedarf an Arbeitern ist eben das Hauptziel, welches mit dem Achtstundentag verfolgt wird. Die schönen Reden, daß dem Arbeiter mehr Muße für seine Bildung und die Familie gegeben werden müsse, bilden, meiner Ansicht nach, nicht das Hauptmotiv, sie müssen vielmehr zur Bemäntelung desselben dienen. Nach meiner Ansicht sind die Arbeiter klug genug, um zu erkennen, daß die bekannte und bei der Argumentation stets in den Vordergrund gestellte Annahme, der Arbeiter könne, in Folge größerer körperlicher und geistiger Frische, in Folge der erhöhten Arbeitsfreudigkeit, in verkürzter Arbeitszeit dasselbe, wenn nicht mehr, als in langer Arbeitszeit leisten, bei einer Minderung auf acht Stunden nicht mehr zutreffe. Die Arbeiter sehen klar, daß zur Leistung desselben Quantums an produzirten Gütern in einer so erheblich verkürzten Arbeitszeit mehr Arbeiter erforderlich sind, daß dieses Mehrbedürfniß an Arbeitern die Nachfrage auf dem Arbeitsmarkt steigern muß, und daß es unter diesen Umständen auch in weniger guten Zeiten möglich sein wird, erhöhte Lohnforderungen durchzusetzen. Ich darf mir wohl gestatten, bei dieser Gelegenheit in Erinnerung zu bringen, daß am 1. Mai 1890, auf Geheiß des Pariser Sozialistenkongresses, zu Gunsten der Achtstundenbewegung eine allgemeine Arbeiterdemonstration in allen industriellen Kulturstaaten stattfinden soll.

Meine Herren, die Streitigkeiten zwischen Arbeitern und Arbeitgebern sind in der neueren Zeit in England meistens erfolgreich für die Arbeiter verlaufen; in einzelnen Fällen sind außerordentliche Resultate bezüglich der Lohnsteigerung erreicht, so beispielsweise erlangten in einem Distrikt in

Schottland die Grubenarbeiter eine solche bis zu 60 Proz. im laufenden Jahre.

Diese zahlreichen und zum großen Theil recht bedeutenden Konflikte sind in den allermeisten Fällen unter Zustimmung bezw. auf Geheiß der Trade Unions angeordnet worden; der Umstand aber, daß es sich in einzelnen ganz besonders auffälligen Strikes mehr um eine Machtfrage, als um die Sorge für das Wohl der Arbeiter handelte, hat die Wirkung gehabt, daß in neuerer Zeit in England die öffentliche Meinung von ihren Sympathien für die Arbeiterbewegung mehr und mehr zurückzukommen beginnt. Man beginnt zwei Klassen von Strikes von einander zu unterscheiden. Die eine Klasse besteht aus Versuchen der betreffenden Arbeiter, die Last der Arbeit zu vermindern, welche, wie zugestanden wird, in vielen Fällen schwer ist, so machtvoll auch die wirthschaftlichen Ursachen sein mögen, welche dieser Belastung zu Grunde liegen. Zu dieser Klasse rechnet man Strikes, wie diejenigen der Bäcker, die Versuche der Omnibus- und Tramway-Angestellten ihre Arbeitszeit zu verkürzen und ihren Lohn zu erhöhen; auch die Forderung der Grubenarbeiter und diejenigen der Arbeiter der Baumwollindustrie, welche auf höhere Löhne gerichtet sind, werden hierzu gerechnet, da sich in diesen Industrien die Höhe der Löhne mehr oder weniger den Fluktuationen des Geschäftsstandes anzuschließen pflegt. Man zieht hierbei in Betracht, daß in diesen Fällen es nicht in der Absicht der Arbeiter liegt, die Arbeit überhaupt einzuschränken; den Arbeitgebern sei in diesen Fällen eine gewisse Sicherheit gegeben, daß sie in angemessener Weise das erhalten, wofür sie zahlen. In allen diesen Fällen setzen die Arbeitgeber auch nicht einen sehr ernsten Widerstand den Forderungen der Arbeiter entgegen, welche sich, wie die öffentliche Meinung annimmt, im Grunde nur darauf richten, daß ihnen ein gewisser Antheil von der zunehmenden Prosperität gewährt werde, welche das Wiederaufblühen der Geschäfte herbeigeführt hat. In den meisten dieser Fälle, wenn nicht in allen, sind den Arbeitern Konzessionen gemacht worden, entweder in Kürzung der Arbeitszeit und somit Erleichterung der Arbeitslast, oder in Verbesserung der Löhne. Da diese Erfolge, wie man sich sagt, von den Arbeitern erreicht sind, ohne die Produktion im Ganzen einzuschränken, also ohne die Quellen der allgemeinen Prosperität zu verstopfen, von welcher die Wohlfahrt jedes Einzelnen abhängt, so hat die öffentliche Meinung gegen diesen Theil der Arbeiterbewegung nichts einzuwenden.

Die andere Klasse der Arbeiterstreitigkeiten wird jedoch wegen ihres entgegengesetzten Charakters ganz anders beurtheilt. Hier handelt es sich um Strikes, in denen die Arbeiter bei bestehender sehr mäßiger Arbeitszeit gewissermaßen aus Fanatismus den Achtstundentag verlangen. Ferner kommen hier, und zwar hauptsächlich, Strikes in Frage, bei denen die Erhöhung der Löhne nur eine untergeordnete Rolle spielt und daher auch nicht als Grund derselben zu betrachten ist. In diesen Fällen ist der Strike nicht die aus eigenem Antriebe plötzlich hervortretende Bewegung übermäßig arbeitender oder kärglich bezahlter Arbeiter zum Zwecke der Besserung ihrer gesammten Lage, sondern diese Strikes sind vielmehr den Arbeitern aufgedrungen von den ehrgeizigen Leitern der Arbeiterorganisationen, der Trade Unions. Strikes dieser Art bezwecken, wie gesagt, weniger die sofortige Verbesserung der Lebensbedingungen der Arbeiter, sondern sie beziehen sich mehr auf die Unterwerfung des sogenannten tyrannischen Kapitals. Die Urheber dieser Strikes sind, wie die „Times" in den letzten Tagen in einem Leitartikel ausführte, in der That sehr gleichgiltig in Bezug auf die thatsächlichen Wünsche und auf das augenblickliche Wohlbefinden derjenigen Arbeiter, die sie zum Strike zwingen; sie verachten solche geringen und niedrigen Zwecke, als die Sicherung eines höheren Antheils an dem sich hebenden Geschäfte. Diese Führer suchen in jeder Werkstätte eine Autorität zu errichten, welche dem Arbeitgeber entgegengesetzt ist, und welche regiert wird von einer Anzahl unverantwortlicher Personen, die einen Vorstand oder ein Komitee bilden und die von den Streitigkeiten leben, die von ihnen provozirt werden. Bei diesen Strikes ist die Einschränkung der Produktion immer einer der hauptsächlichsten Zwecke. Die Führer hoffen durch die Verminderung des Resultats des Zusammenwirkens von Kapital und Arbeit den Antheil der Arbeiter zu erhöhen, und indem sie in gleicher Weise den Arbeitgebern wie den Arbeitern die Arbeitsbedingungen diktiren, ihre eigene Macht zu befestigen und auszudehnen.

Gestatten Sie mir, meine Herren, als charakteristisch für diese Bewegung zwei der neuesten Strikes dieser Art näher zu betrachten; dieselben sind wie kaum irgend welche anderen geeignet, das Urtheil über die Wirksamkeit der Trade Unions zu ergänzen und zur Erkennung der wirklichen Bedeutung dieser Arbeiterorganisationen beizutragen. Ich wende mich zunächst zu dem Strike, welcher heute wahrscheinlich in der South Metropolitan Gas Company in London ausbrechen wird. Ich hoffe, Sie werden nichts dagegen haben, meine Herren, wenn ich hierbei etwas näher auf die Details eingehe, da dieselben zur Charakteristik des von mir zuletzt dargelegten Vorgehens ganz besonders beitragen.

Die Gesellschaft besteht über 50 Jahre. Im Juni d. J. hatte dieselbe den Arbeitern — es handelte sich hierbei besonders um die in den Retortenhäusern arbeitenden „stokers" —, welche bisher 12 Stunden Dienst gehabt hatten, eine achtstündige Arbeitszeit bewilligt. Damit war jedoch nicht eine Lohnreduktion, sondern sogar eine kleine Erhöhung der Löhne verbunden. Während dieselben bei der zwölfstündigen Arbeitszeit 5 sh. 2 d. bis 5 sh. 6 d. per Schicht betrugen, verdienten die Arbeiter in der achtstündigen Schicht von 5 sh. 4 d. bis zu 5 sh. 8 d., das macht etwa 1 sh. per Stunde, da für die „stokers" in den 8 Stunden 3 Stunden Pause liegen. Außerdem erhielten die „stokers" wöchentlich 1 sh. 6 d. als besondere Gratifikation für rechtzeitiges Eintreffen bei der Arbeit. Den Sonntag hatten die Arbeiter von 6 Uhr früh bis 6 Uhr Abends frei; die Gesellschaft strebt aber an, die freie Zeit bis 10 Uhr auszudehnen. Die für den Dienst im Retortenhause nicht mehr tauglichen Arbeiter werden von der Gesellschaft nicht entlassen, sondern bei leichterer Arbeit verwendet. Für die Arbeiter besteht eine Krankenkasse, von welcher die Arbeiter, gegen Zahlung eines wöchentlichen Beitrags von 3 d., freie Medizin und Wartung und 12 sh. Krankengeld pro Woche erhalten. Es besteht auch eine Pensionskasse, von welcher die Arbeiter gegen Zahlung eines wöchentlichen Beitrags von 3 d., je nach der Länge der Dienstzeit, eine Pension von 10 bis 16 sh. wöchentlich erhalten. Im Laufe des Jahres finden bestimmt festgesetzte Feiertage statt, für welche der Tagelohn gezahlt wird.

Nunmehr machte die Gesellschaft den Arbeitern folgendes Anerbieten: Sie wollte allen Arbeitern auf ihrem Werk 1 Prozent von der Summe des von den Einzelnen verdienten Jahreslohns für jeden Penny Verminderung der Produktionskosten unter dem Betrage von 2 sh. 8 d. für 1000 Kubikfuß Gas gewähren. Im laufenden Jahre würde diese Zuwendung 5 Prozent des Jahreslohns ausgemacht haben. Die Rechnung sollte aber auf die 3 voraufgegangenen Jahre ausgedehnt werden, was weitere 8 Prozent betragen haben würde. Diese Zuwendung würde ausgemacht haben für Männer mit einem Wochenlohn von 30 sh. circa 6 Lstrl. = 120 Mark, für Männer mit 24 sh. Wochenlohn 5 Lstrl. = 100 Mark. Der Betrag sollte mit 4 Prozent verzinst und den Arbeitern anheimgegeben werden, ob sie die Zinsen jährlich abheben oder stehen lassen wollten. Außerdem sollte die Gesellschaft während des ersten Jahres zur Auszahlung des Kapitals nur verpflichtet sein im Falle des Todes, in den ersten fünf Jahren nur zur Zahlung im Falle des Todes, der Invalidität oder beim Verlassen des Werks. Ein Komitee, bestehend aus der gleichen Anzahl von Arbeitern, welche von den Arbeitern zu wählen waren, und von Beamten der Gesellschaft, welche diese bezeichnete, sollte unter dem Vorsitz des Präsidenten der Gesellschaft gebildet werden, um die Detailfragen dieser Zuwendung zu regeln. Die bezeichneten Beträge sollten absolutes Eigenthum der Arbeiter bleiben, aber als verfallen betrachtet werden, wenn die betreffenden Arbeiter striken oder absichtlich die Gesellschaft schädigen. Die Arbeiter, welche auf diese Bedingungen eingehen, sollten sich bei ihrem Vorgesetzten melden und mit der Gesellschaft einen jährlichen Kontrakt schließen.

In einem unter dem 18. November an die Herausgeber der „Times" gerichteten Schreiben theilte der Vorsitzende der Gesellschaft, George Livesey, mit, daß 900, d. i. $2/3$ der gesammten Arbeiter, und zwar die besten, welche, wie Mr. Livesey sich ausdrückt, den Rückgrat der Gesellschaft bilden, die vorstehend bezeichneten Bedingungen angenommen und einen Jahresvertrag auf 12 Monate gezeichnet hätten. Hieraus ist zu ersehen, meine Herren, daß gerade die besten Arbeiter mit dem Anerbieten der Gesellschaft vollkommen einverstanden waren.

Dies war aber nicht der Fall seitens der Leiter der betreffenden Trade Union. Sie erkannten, daß ein solches Abkommen wohl geeignet sei, ihren Einfluß auf die Arbeiter zu schwächen, daß es ihnen nicht mehr möglich sein würde, jeder Zeit einen Strike anzuzetteln. Die Führer der Trade Union legten sich daher ins Mittel, forderten die Arbeiter auf, das Anerbieten der Gesellschaft zurückzuweisen, bezeichneten diejenigen, welche ihrem Gebote nicht folgen sollten, als Ausgestoßene, als „blacklegs", und ordneten an, daß, wenn die Gesellschaft ihr Anerbieten nicht zurückziehen sollte, der Ausstand heute zu beginnen habe. Die Arbeiter haben, dem Gebote der Trade Union entsprechend vorschriftsmäßig gekündigt, von Kontraktbruch ist also nicht die Rede.

Den Leitern des Werks erklärten die Führer in cynischer Weise, daß sie die Abmachung vom Juni b. J., welche doch ein so außerordentliches Entgegenkommen seitens der Gesellschaft bekundet, auch wenn die Arbeiter damit durchaus zufrieden wären, nicht als bindend erachten, daß sie dieselbe umstoßen wollen, wenn immer und so oft sie sich stark genug fühlen, in der von ihnen bezeichneten Weise vorzugehen. In einem in der „Times" veröffentlichten Briefe führen sie als Grund der Zurückweisung des Anerbietens u. A. an: „Wir verwerfen dasselbe, weil es in sich selbst dem Geiste des Tradeunionismus widerspricht, und zwar aus dem Grunde, weil diejenigen Arbeiter, welche an der Wohlthat Theil nehmen wollen, gezwungen sind, sich zu verpflichten, für 12 Monate jede Arbeit den Wünschen der Angestellten der Gesellschaft gemäß zu vollführen."

Ein anderes Beispiel giebt der Strike, welcher in den Maxim-Nordenfield-Works ausgebrochen ist. Auch bei diesem Strike handelt es sich nicht um eine Lohnfrage, sondern es werden folgende Anforderungen gestellt: Keine Akkordarbeit; keine Ueberzeit, oder nur mit Genehmigung des Vorstandes der Trade Union; keine Beschäftigung irgend eines Mannes — wie sehr er auch der Gesellschaft passen möge, oder wie nöthig sie ihn auch brauche, — wenn er nicht Mitglied der Trade Union ist oder es wird.

Auch diese Forderungen sind nicht von den Arbeitern gestellt, sondern denselben von der Trade Union der Amalgamated Society of Engineers aufgezwungen. In den englischen Zeitungen ist zu lesen, daß die Trade Union mit diesen Forderungen nur beabsichtigt, eine Kraftprobe anzustellen; sie habe sich eins der besten, kapitalkräftigsten und leistungsfähigsten Werke in der Voraussetzung ausgesucht, daß, wenn es ihr gelingen werde, hier den Sieg zu erringen, sie mit den anderen Werken leichtes Spiel haben würde.

Meine Herren, ich will auf die Anführung weiterer Beispiele aus dem mir vorliegenden Material verzichten; auch will ich eigene Bemerkungen zu solchem Vorgehen der Trade Union unterdrücken, ich bitte Sie aber, mir schließlich zu gestatten, Ihnen mitzutheilen, wie die „Times" über die Handlungsweise der Trade Union urtheilt, um Ihnen zu zeigen, wie in England die öffentliche Meinung in Bezug auf die Wirksamkeit dieser Arbeiterorganisationen im Umschlage begriffen ist. In Bezug auf die Forderungen der Amalgamated Society of Engineers sagt sie Folgendes: „Es sind diese Forderungen gestellt einfach in dem Interesse einer Handvoll ehrgeiziger Theoretiker; welche unwissend oder achtlos sind gegenüber den elementaren Bedingungen für eine erfolgreiche Industrie, und welche bestrebt sind, unter dem Vorgeben, das sogenannte tyrannische Kapital anzugreifen, ihre eigene Tyrannei zu etabliren." Die „Times" zieht nun die Parallele zu der von mir bereits charakterisirten ersten Kategorie von Strikes, die man im Allgemeinen billigen könne, und sagt weiter: „Die Tramwaymen suchen nur Erleichterung von einer an das Extrem grenzenden Arbeitszeit, was nur eine ganz geringfügig größere Auflage für das Publikum zur Folge haben würde; die Grubenarbeiter fordern nur ein wenig mehr per Tonne der wirklich produzirten Kohle; aber die vereinigten Maschinenbauer striken gegen die thatsächlichen Quellen der Prosperität, indem sie gleichzeitig die Produktionskosten erhöhen und die Produktion vermindern wollen. Sie sträuben sich gegen den Stücklohn, da ohne denselben fünf Leute ihre Zeit den Tag über verschwenden können, ohne so viel zu produziren, wie **ein** Mann zu seinem eigenen und seines Arbeitgebers Vortheil. Die Forderung, daß nur sogenannte „gelernte" Arbeiter beschäftigt werden sollen, ist bestimmt, eine Gewähr dafür zu geben, daß die fünf Faulenzer gute und vertrauensvolle Werkzeuge des Vorstandes der Trade Union bleiben. Ueberzeiten, obgleich sie mit 50 Prozent mehr bezahlt werden sollen, werden verboten, um einer größeren Anzahl „gelernter" Arbeiter Gelegenheit zu geben, bei ihrer Arbeit den Tag über herumzuliegen. Das ganze Ideal dieser Leute beruht auf der Annahme, daß der hauptsächlichste Zweck eines Arbeiters darin besteht, so viel Arbeit als möglich für die anderen Mitglieder der Trade Union übrig zu lassen. Dieses Ideal beruht also auf der Annahme, daß ein Fonds existire, theilbar zwischen Kapital und Arbeit, dessen Betrag nicht im geringsten abhängig ist von den Erfolgen der Arbeit."

Soweit die „Times". Meine Herren, wenn ich mir gestattet habe, Ihre Zeit etwas lange in Anspruch zu nehmen, so ging ich dabei von der Annahme aus, daß es für die Beurtheilung des Materials, welches wir die Ehre haben Ihnen auf Grund unserer in England angestellten Beobachtung zu unterbreiten, nicht ohne Werth sein würde, einen allgemeinen Ueberblick über die neuesten Vorgänge auf dem Gebiete der Arbeiterbewegung in England zu gewinnen. Die Trade Unions zeigen sich hierbei in einem etwas anderen Lichte, als in den Darstellungen des Herrn

Dr. v. Schulze-Gävernitz. Die öffentliche Meinung in England beginnt augenscheinlich sich gegen die Uebergriffe und Ausschreitungen dieser Arbeiterorganisationen zu wenden. Solche Beobachtungen dürfen sicher nicht außer Beachtung gelassen werden, wenn es gilt, hier Stellung zu den Fragen zu nehmen, welche aus der Arbeiterbewegung hervorgehen. (Beifall.)

Herr Fabrikbesitzer Walther Caron (Rittershausen): Meine Herren, ich werde mich ganz kurz fassen, um die nachfolgende Diskussion möglichst wenig zu beengen. Als Theilnehmer an der englischen Studienreise gestatten Sie mir, Ihnen die Eindrücke zu schildern, welche ich aus der unmittelbaren Anschauung über das Verhältniß des Unionismus zum Sozialismus in England gewonnen habe, und in engem Zusammenhang damit über die Konsequenzen, welche eine unionistische Arbeiterbewegung in Deutschland, im Hinblick auf unsere vorhandene Sozialdemokratie, haben würde. Ich knüpfe an an das vortreffliche Referat meines verehrten Reisegefährten und Freundes Dr. Beumer, speziell an seine Bemerkungen über John Burns.

Wir dürfen, wenn wir heute von dem englischen Trade-Unionismus sprechen, eins nicht vergessen: daß nämlich, wie der geehrte Herr Vorredner des Weiteren ausgeführt hat, der ganze Unionismus sich augenblicklich in einer ganz gewaltigen Gährung und Umgestaltung befindet, so daß es den Anschein hat, als ob der alte Unionismus in mehr oder weniger kurzer Zeit ein ganz anderes Gesicht bekommen solle. Die bisherigen Unions sind die festbegrenzten Organisationen von sogenannten gelernten Arbeitern, oder wenigstens Organisationen, welche nur eine einzige festbegrenzte Industriebranche umfassen. Sie stellen, man kann wohl sagen, die Elite der englischen Arbeiterschaft dar. Ich erinnere an die mehr oder weniger lange Lehrzeit, welche die Unions von ihren Mitgliedern fordern, auch an die Leistungsfähigkeit, welche einzelne von ihren Mitgliedern verlangen, wie z. B. in der Textilindustrie, und diese Leistungen werden den Arbeitgebern gegenüber von der Union garantirt. Ganz anders die neu gebildeten oder in der Bildung begriffenen Unions. Das große Losungswort ist heute: Unionismus für ungelernte Arbeiter, also für die breiten Arbeitermassen. Burns, der englische Sozialist par excellence, ist der Erfinder und Insceneur dieser neuesten Erscheinung des Unionismus.

Es liegt mir hier ein Aufruf vor, welcher, in Massen unter den englischen Arbeitern verbreitet, sich an alle Arbeiter Englands wendet, ohne Unterschied der besonderen Industriebranche, wie ausdrücklich darin hervorgehoben wird, und welcher zur Bildung einer allgemeinen ganz England umfassenden „National labour Union" auffordert. Es heißt in diesem Aufruf: „Wir appelliren an Sie, sich mit uns zu verbinden eingedenk des Wortes: Einigkeit macht stark! um dadurch vorbereitet zu sein für den ernsten Kampf, welcher in Kurzem Platz greifen muß zwischen Kapital und Arbeit." Dieser Aufruf ist unterzeichnet von dem Exekutivkomitee. Formulare zur Beitrittserklärung liegen bei. Diesen Aufruf gab uns derselbe Mr. Stanley in New Castle, welcher versicherte, früher Sozialist gewesen zu sein, jetzt aber überzeugt zu sein, daß Kapital und Arbeit zusammengehören; derselbe Mr. Stanley, welcher uns als das Organ der seit einigen Monaten von ihm organisirten Union für ungelernte Arbeiter, welche damals schon 12 000 Mitglieder umfaßte, den Labour-Elector einhändigte. Meine Herren, in der betreffenden Nummer dieses Arbeiterblattes, welches in London erscheint, findet sich ein Artikel über Freihandel und Schutzzoll, in welchem folgende erbauliche und belehrende Stelle vorkommt: „Weder Freihandel noch Schutzzoll kann die arbeitenden Klassen eines Landes beeinflussen, während sie geknechtet (enslaved) bleiben von den kapitalistischen Klassen. Wie wir jetzt den Freihandel haben, ist es einfach ein internationales Ausschwitzungssystem (sweating) zum Nutzen der kapitalistischen Klassen." Zum Schluß seiner Ausführungen kommt der Verfasser, ein gewisser Mr. Cunninghame Graham, zu dem Resultat, daß es für die Arbeiter das Richtigste sei, den Freihandel zu wählen „as being the most destructive".

Solchen Thatsachen gegenüber, meine Herren, werden Sie es begreiflich finden müssen, wenn ich den Versicherungen des Mr. Stanley nicht allzuviel Glauben schenken kann. Es liegt klar zu Tage: Die Organisation der ungelernten Arbeiter, d. h. die Massenorganisation der arbeitenden Klassen, gleichviel welcher Branche, zusammengefaßt in einer Union, steht in direktem Gegensatz zu der bisherigen Organisation der Unions, deren erste und festeste Grundlage und Grundprinzip stets gewesen ist, etwas zu leisten, von Seiten ihrer Mitglieder wirkliche Leistungen der Industrie bieten oder auch entziehen zu können, mit einem Wort: Die Qualität der Mitglieder. Darauf beruht auch meines Erachtens ganz in erster Linie der Einfluß und das Ansehen, welches die Unions dort unter den Arbeitern selbst haben und die Erfolge, welche die Unions gegenüber dem Kapital, gegenüber den Arbeitgebern, zu verzeichnen haben.

Wenn nun daraus nothwendig erhellt, daß ein tief einschneidender, innerer Gegensatz zwischen den alten Unions und den neuen besteht, so hat derselbe seine tiefste und wahre Ursache einfach darin, daß die alten Unions — sagen wir einmal die Qualitätsarbeiter —, fürchten, wie mir scheint, mit Recht, daß die neuen Massenorganisationen ungelernter Arbeiter wohl dazu dienen können, diesen selbst höhere Löhne zu verschaffen, nicht aber dazu, die Lebensbedingungen und pekuniären Lohnerfolge der eigenen Unions zu verbessern und zu verstärken, daß sie vielleicht aber das Gegentheil bewirken können.

Sie wissen, meine Herren, daß die ungelernten Arbeiter die Unions anklagen, daß sie Alles für sich nähmen, ihnen aber nichts gäben. Daraus entstand ja das Bestreben nach Assoziation der ungelernten Arbeiter. Wir stehen überhaupt unter dem Zeichen der Assoziationen, nicht nur auf dem Geldmarkt, sondern auch auf dem Arbeitsmarkt. Ich glaube, meine Herren, mit dem, was ich über den Unterschied zwischen den alten und neuen Unions gesagt habe, habe ich ziemlich Alles gesagt. Denn, meine Herren, nach sozialistischer Seite hin scheint mir ein wesentlicher Unterschied, wenigstens in den Zielen, nicht zu existiren! Meine Herren, ich halte die einen so gut für sozialistisch wie die anderen. Ich muß Ihnen aber dabei eine genaue Definition darüber geben, was ich, wenn ich hier das Wort „sozialistisch" gebrauche, darunter verstanden wissen möchte. Ich nenne diejenigen Bestrebungen der arbeitenden Klassen sozialistisch, welche sich darauf richten, das Schwergewicht des wirthschaftlichen Lebens von der Seite des Kapitals soweit nach links herüber zu schieben, daß der ausschlaggebende Schwerpunkt, das Uebergewicht, mit einem Wort: **die Macht**, auf Seiten der arbeitenden Klassen liegt. Daß das ein unsinniges und absolut unberechtigtes Bestreben und Beginnen ist, wenn die arbeitenden Klassen durch den Druck ihrer Zahl versuchen, diejenige führende Stellung zu erlangen, welche unbedingt und zu allen Zeiten dem Kapital gebührt, weil das Kapital **allein** im wirthschaftlichen Leben Risiko läuft, das brauche ich nicht auszuführen. Also in diesem Sinne sind die alten Unions genau so sozialistisch wie die neuen und in der Bildung begriffenen; nur sind dieselben bisher im Ganzen mit Mäßigung vorgegangen. Sie wollen diese Verschiebung zu ihren Gunsten nicht gewaltsam und plötzlich herbeiführen; sie wollen die Henne nicht schlachten, von der sie sich noch viele goldene Eier versprechen. Ob das so bleiben wird, ob nicht mit der Zeit der Geist der direkten Feindschaft gegen das Kapital ebensogut auch hier Platz greifen wird, wie er in den neu gebildeten oder sich bildenden Unions Platz gegriffen hat, darüber kann Niemand mit Sicherheit urtheilen. Eine gewisse Zeit gehört dazu, denn die jetzigen Arbeiterführer sind offenbar nicht gewillt, ein System zu verlassen, welches sie selbst groß gemacht hat. Wesentlich wird das Verhalten der alten Unions meines Erachtens beeinflußt werden von dem weiteren Verhalten, der weiteren Entwickelung und den Erfolgen dieser neuen Unions, und danach werden sie ihre Stellung gegenüber dem Kapital einrichten.

Meine Herren, wenn Sie die sehr energischen Bestrebungen verfolgen, welche z. B. die National Miners Association gemacht hat und fortwährend macht, um eine internationale Vereinigung der Bergarbeiter zu Stande zu bringen, wenn Sie sich vergegenwärtigen, daß dieses Kind auf dem Arbeiterkongreß in Paris in diesem Sommer geboren wurde, wenn

Sie lesen, was Mr. Fenwick in der National Miners Conference in Manchester am 10. Oktober gesagt hat: „So lange dem fremden Arbeiter **erlaubt ist**" — ich bitte das Wort zu beachten —, „seine Arbeit zu einem zu billigen Preise zu verkaufen und zu lange Stunden zu arbeiten, wird der englische Arbeiter dadurch ernstlich gefährdet", wenn Sie in dem Arbeiterorgan Daily Chronicle in New Castle lesen: „Erst kürzlich haben wir Gelegenheit gehabt, die Bergwerksindustrie den Nachweis führen zu sehen, in wie weitgehendem Maße andere Geschäftszweige von ihr abhängig sind, und die Möglichkeit einer internationalen Vereinbarung wird zur Verstärkung dieser Thatsache dienen" — dann werden Sie mit mir übereinstimmen, wenn ich sage: das sind auch in den alten Unions rein sozialistische Bestrebungen in dem Sinne, wie ich es eben ausgeführt habe, in dem Sinne der ungerechtfertigten und unnatürlichen Verschiebung der Macht nach der Seite der arbeitenden Klassen hin.

Meine Herren, wenn ich mich nun mit einem kurzen Blick wenden soll zu unseren eigenen Arbeiterverhältnissen und zu den Gefahren, welche für uns, ich will sagen, für die weitere wirthschaftliche Entwickelung Deutschlands aus einer unionistisch-sozialistischen Bewegung entstehen können, so ist eben dabei in erster Linie an zwei Kardinalunterschiede zu denken, welche es stets und immer verhindern werden, daß die englischen Zustände, wie sie jetzt dort sind und wie wir sie vielleicht einmal befriedigend nennen wollen, bei uns jemals platzgreifen könnten. Diese Unterschiede sind: 1. die bei uns bei weitem nicht so ausgebildete und durchgeführte Arbeitstheilung welche die Vorbedingung zum Unionismus in seiner guten Form ist, 2. die revolutionären Strömungen unter unseren Arbeitern, die Bestrebungen unserer Sozialdemokratie. Daß also der Unionismus, auf irgend einem Wege in unsere arbeitenden Klassen getragen — Gott bewahre uns vor Staats-Unionismus — einen durchaus anderen Charakter annehmen muß als in England, das bedarf keines Beweises. Ich will Ihnen nicht die wirklich erschreckende Situation ausmalen, welche sich vor meinem geistigen Auge zuweilen ausgebreitet hat, wenn internationale Vereinigungen der Arbeiter mit wesentlich destruktiven wirthschaftlichen Tendenzen dem Kapital kämpfend gegenüberstehen, wenn auf den Wink eines Arbeiterführers eine internationale Kohlensperre verhängt würde, nicht nur um die Arbeitsbedingungen dieser Industrie zu verbessern und in die Höhe zu schrauben, sondern ebenso auch, um auf andere große Industrien im Interesse der darin Arbeitenden, z. B. auf die Eisenindustrie, eine nachdrückliche Pression auszuüben.

Meine Herren, daß es dahin nicht kommt, dazu bedarf es der ganzen Umsicht, der ganzen Einsicht und Intelligenz der deutschen Industriellen, vor Allem aber der Einigkeit. Ich denke, meine Herren, in so tief einschneidenden Fragen und bei so brennenden Gefahren kann die deutsche

Industrie nicht anders als ein einig Volk von Brüdern sein. Wir arbeiten, wenn wir hier zusammenstehen und zusammengehen, nicht in erster Linie für unsere Lebensinteressen, wir arbeiten in erster Linie für das Wohl des Staates. Das Wohlergehen des Staates beruht wesentlich auf seinem wirthschaftlichen Wohlergehen, und die Arbeiterheere, wenn sie sich gegen die natürliche Ordnung der Dinge wenden und diese stürzen wollen, sind wohl im Stande, die Grundfesten des Staates zu erschüttern. Darum, meine Herren, lassen Sie uns einig sein und bleiben, das wird unserem geliebten Vaterlande zum Segen gereichen.

Ich schliesse mit dem schönen Vers, der sich auf den Statuten einiger englischer Unions befindet, und wünsche, dass er auch unsere Losung sein möge:

„Let us onward then for right —
 „Nothing more;
„And let justice be the might
 „We adore.
„Build no hopes upon the sand
 „For a people hand in hand
„Can make this a better land
 „Than before." —

Herr **Möller** (Brackwede): Meine Herren, gestatten Sie, dass ich nur wenige Worte vom Platze aus an Sie richte. Ich mag an dieser Stelle nur nicht ganz schweigen, weil ich sowohl in der Anregung zur Reise als in deren Durchführung von Anfang bis zum Ende mit betheiligt gewesen bin. Im Wesentlichen behalte ich mir vor, in die Diskussion noch einzugreifen, wenn die Gegenrede neue Gesichtspunkte entwickeln sollte.

Die Referate der Herren Dr. Beumer und Bueck, denen ich mich voll anschliesse, haben die uns hier interessirende Materie schon so eingehend behandelt, dass damit der Hauptzweck, die Generaldiskussion einzuleiten, völlig erreicht ist. Also gestatten Sie mir nur noch einige Streiflichter aufzusetzen.

Auf einen ganz kleinen, scheinbaren Streitpunkt zwischen Herrn Bueck und Herrn Dr. Beumer gestatten Sie mir vielleicht einzugehen. Das ist der Unterschied zwischen „Lebenshaltung" und „Lebensunterhalt". Herr Dr. Beumer hat von der theuren Lebenshaltung und Herr Bueck von dem billigen Lebensunterhalt gesprochen. Meine Herren, es ist gar kein Zweifel, dass in England die Lebensmittel, auch die Kleidung, erheblich billiger sind als in Deutschland. Sie sind namentlich in den letzten Jahren billiger geworden durch die Organisation des Verkaufs im Kleinverkehr, durch die Ausdehnung der Konsumvereine auf alle Kreise, nicht nur die Arbeiterkreise, sondern alle Kreise des Mittelstandes und auch der gebildeten und besser situirten Klassen; der Vertrieb der Waaren in die kleinen Kanäle ist dadurch entschieden billiger geworden. Aber der Streitpunkt findet vielleicht von selbst seine Lösung darin, wenn auch ich nochmals klarlege, daß die Arbeiter, die bisher in den Trade Unions gewesen sind, eben meist die besseren, die hochgelohnten Arbeiter waren, die also einer erheblich besseren Lebenshaltung sich erfreuen als unsere Arbeiter im Durchschnitt, daß aber die Arbeiter, die nichts einzusetzen haben als ihre rohe, physische Arbeitskraft, allerdings vielfach, glaube ich, in England noch erheblich schlechter leben als bei uns.

Ueberhaupt ist der Gegensatz, der sich in England neuerdings vollzieht, der Gegensatz zwischen dem vierten und fünften Stand, in höchstem Maße interessant. Es ist Ihnen ja von allen drei Herren schon vorgeführt worden, wie die unskilled men, die nichts einzusetzen haben als ihre physische Kraft, sich zum Theil gegen die gelernten Arbeiter wenden, die sie nicht in genügendem Maße aus dem Topfe der Arbeitgeber mitessen lassen, den sie sich bereitet haben. Das ist uns ausdrücklich in den Schiffswerften im Norden von England gesagt worden, wo die ungelernten Arbeiter sich weigerten, sich den Bedingungen der gelernten Arbeiter zu unterwerfen, die Ihnen ja hier an zwei Fällen schon vorgetragen sind, die beim Schiffsbau dazu geführt haben, daß dort die Leute nur 3½ bis 4 Tage arbeiten. Natürlich geht das sehr schön für die gelernten Arbeiter, es geht aber sehr schlecht für die ungelernten Arbeiter, die nicht die hohen Löhne haben wie die gelernten. Die gelernten Schiffbauer sollen, wie uns versichert wurde, in Glasgow jetzt Löhne bis zu 15 und 18 sh. den Tag haben, d. h. die Vorarbeiter, die die Hilfsarbeiter einstellen. Für diese Leute ist es natürlich vollständig genügend, wenn sie nur 4 Tage arbeiten, aber für die „Helfer", die von ihnen abhängen, ist es nicht genug, und so besteht, wie gesagt, augenblicklich ein Gegensatz, den ich glaube hervorheben zu müssen, der Gegensatz nämlich, daß sich effektiv gegenwärtig eine Organisation des fünften Standes theilweise gegen den vierten Stand und seine Organisation in den alten Trade Unions vollzieht.

Nun sind aber alle Dinge in England augenblicklich derart in Fluß, daß es ungemein schwer ist, zu folgen. Mein verehrter Freund Bueck hat sich ja der dankenswerthen Aufgabe unterzogen, auch noch fortlaufend nach unserem Weggange von England die dortigen Verhältnisse aus der englischen Presse weiter zu studiren und Ihnen das mitzutheilen, was inzwischen an Veränderungen vorgegangen ist. Durch diesen Bericht des Herrn Bueck ist ja Manches bestätigt worden, was wir bei unserer Reise nur wie hinter einem Schleier verborgen geahnt haben. Wie Herr Bueck es in seinen Berichten dargelegt hat, ist die Erkenntniß der thatsächlich vorhandenen Verhältnisse erst allmählich bei uns entstanden. Wir sind zuerst mit denjenigen Leuten in Berührung gekommen, die gewissermaßen Enthusiasten für die Trade Unions-Bewegung sind, mit den Leuten im Norden von England, wo die Arbeitgeber es verstanden haben, in vollendeter Weise die Organisation der Arbeitnehmer mit dem Geiste zu durchdringen, mit dem allein die Trade Unions zum Heil von Handel und Gewerbe, von Arbeitgeber wie Arbeitnehmer möglich sind, mit dem Geiste, der das Wort „reasonable" als die selbstverständliche Schranke für alles Verhandeln aufstellt. In anderen Orten, wo das nicht der Fall ist, da treten die destruktiven Tendenzen hervor, die mein Kollege Herr Caron hervorgehoben hat. Es ist überhaupt eine Mannigfaltigkeit in England in der Gestaltung der Trade Unions, wie sie größer gar nicht gedacht werden kann. Wie ich schon hervorhob, ist die Sache im Norden von England ja in der besten Weise geregelt. Die Leute haben meist ihre Lohnskalen, Arbeitgeber und Arbeitnehmer sind durchaus einverstanden, daß durch unparteiische Rechner selbst bis in die Geschäftsbücher hineingedrungen wird, und daß aus den Geschäftspapieren heraus die Standardpreise festgestellt werden, auf Grund deren sich die Löhne verändern. In Manchester bei den Baumwollspinnereien gehen die Leute sogar so weit, daß gewissermaßen den Arbeitgebern das Quantum der Arbeit, welches die Arbeitnehmer leisten sollen, garantirt wird. Die Baumwollspinner sagen ganz ausdrücklich: wir untersuchen die Maschinen, wir schätzen jede einzelne Maschine ein, wir sehen, was eine Maschine normalerweise leisten kann, und wenn ein Mitglied unserer Trade Union nicht leistet, was nach dieser Einschätzung auf diesen Maschinen geleistet werden soll, so mag der Arbeitgeber diesen Arbeiter entlassen. Das ist kein Kriegsfall für die Trade Union, denn der Mann leistet nicht, was er leisten soll, er ist kein tüchtiger Arbeiter. Ja, meine Herren, das sind aber auch ideale Zustände, wie sie wohl in sehr wenig Trade Unions existiren. Diese Zustände aber sind es gewesen, die unsere theoretischen Gelehrten zu der Meinung verführt haben, daß der Tradeunionismus die einzige Form sei, wie derartige Fragen zu lösen seien. Diesem Versuch ist ja Herr Dr. v. Schulze-Gävernitz auch erlegen; er hat eben nur die glänzende Seite gesehen und nicht die Schattenseite. Wenn man überhaupt einen Lehrsatz aufstellen soll, so ist es eben der: Wo die Arbeitnehmer sich organisiren und so organisiren, daß sie die Leute hinter sich haben, sollen die Arbeitgeber nicht zögern mit den Leuten zu paktiren und den Arbeitervereinigungen den Geist einzuhauchen, mit dem allein mit ihnen zu arbeiten ist, das heißt, nur das zu verlangen, was verständig ist im beiderseitigen Interesse von Arbeitgeber und Arbeitnehmer, was „reasonable" ist, wie uns immer und immer wieder in diesen Kreisen gesagt wurde und was ich darum auch nochmals wiederhole. Das, meine Herren, haben die Herren der Kohlen- und Hüttenindustrie im Norden von England gekonnt, haben sie im eminentesten Maße gekonnt und auch an verschiedenen anderen Orten und in anderen Gewerben hat man es verstanden. Dagegen sind andere Geschäftszweige da, z. B. der Schiffsbau in England, wo es die Arbeitgeber nicht fertig gebracht haben, sich allesammt zu organisiren, wo ihnen aber eine der geschlossensten Organisationen der Arbeitnehmer gegenübersteht, die es in England giebt, die von einem Bureau in Newcastle durch das ganze Land kommandirt wird. Da sind die Arbeitgeber zum Theil Sklaven der Arbeitnehmer. Dann treiben solche Blasen, von denen Sie ja gehört haben, von drei- bis viertägiger Arbeitszeit. Nur die beiderseitige straffe Organisation und die Durchdringung der Arbeiterkreise mit dem ursprünglichen Geist der Trade Unions, wie er in dem kleinen Vers ja sehr gut zum Ausdruck gebracht ist, den Herr Caron Ihnen zum Schlusse vorlas, nur das kann zu einer heilsamen Thätigkeit der Trade Unions führen.

Dann noch eine kurze Bemerkung über etwas, was Herr Caron, glaube ich, gesagt hat. Es war die Rede von Herrn Stanley, diesem Arbeiterführer in Newcastle. Meine Herren, dieser Stanley war ein Mann, der noch vor wenigen Monaten als vollständig ungebildeter Arbeiter in Newcastle auf der Straße gestanden hatte, und der uns erzählte, daß er in jüngeren Jahren selbst Sozialdemokrat gewesen wäre, daß er dann aber durch das Studium volkswirthschaftlicher Bücher zu der richtigen Auffassung gekommen sei, daß das Kapital nur aus Arbeit entstehen könne, daß aber die Arbeit auch nicht existiren und nicht Frucht bringen könne ohne das Kapital. Wenn der Mann, wie wir ja gehört haben, sich trotzdem hat verführen lassen, ein Organ von Herrn Burns, ein ausgesprochen sozialistisches Blatt, auch zum Organ seiner Arbeitervereinigung zu machen, so, meine ich, läßt sich daraus noch nicht unbedingt der Schluß ziehen, daß der Mann auch selbst Sozialdemokrat ist. Es ist sehr wohl möglich, und Sie werden das sehr verständlich finden, daß auch solche Leute sich in ihrem Enthusiasmus etwas über die Richtung täuschen können. Herr Caron hat im Anschluß hieran eine Definition vom Sozialismus gegeben, der ich nicht ganz zu folgen im Stande bin. Ich will aber hierauf an dieser Stelle nicht eingehen.

Meine Herren, wir haben in England, wie das auch schon von Herrn Bueck hervorgehoben worden ist, bei jedem Mann, zu dem wir gekommen sind, immer neue Anschauungen über das gefunden, was Sozialismus ist. Was aber schlagend für uns gewesen ist, was Herr Bueck hervorgehoben hat, und was auch namentlich bewiesen ist durch die von ihm mitgetheilten weiteren Veröffentlichungen der englischen Zeitungen, das ist, daß, wie ich vorhin auch schon hervorhob, unbedingt die ganze englische Arbeiterbewegung im Fluß ist, daß staatssozialistische Ideen in erheblichem Maße im Vordringen in England sind, daß das zwar von den Leuten im Norden von England, in Manchester und anderswo, wo, wie ich Ihnen schilderte, die idealen Zustände des Tradeunionismus herrschen, absolut geleugnet wird, daß solche Verhältnisse vorliegen, — aber es unterliegt nicht dem geringsten Zweifel, daß ein Umschwung sich vorbereitet und daß auch jene Leute auf die Dauer zu staatssozialistischen Forderungen kommen werden.

Die erste und Hauptfrage, die uns als die brennendste erschien, ist die: Soll der achtstündige Arbeitstag — und darin liegt, meine ich, der große Unterschied — von den Arbeitern durch die Kraft und Macht ihrer Trade Unions erstrebt werden, oder soll man auf das Parlament, auf die Regierung drücken, daß von Regierungswegen der achtstündige Arbeitstag eingeführt wird? Meine Herren, das ist meines Erachtens die Kernfrage, und da müssen wir doch, glaube ich, gestehen, daß da die überwiegende Mehrzahl der Engländer gesagt hat: das widerstrebt allem englischen Gefühl. Man wäre wohl einverstanden, daß die Schwachen, die sich nicht schützen können, die Frauen und Kinder, durch den Staat geschützt würden, aber sie könnten nicht zugestehen, daß die Arbeitskraft des Mannes durch den Staat beschränkt würde, das zu thun, was dem freien Mann beliebt. Das ist zweifellos noch heute die weit überwiegende Anschauung in England, und nur Leute, die schon über die Grenzen des gewöhnlichen Staatssozialismus hinausgehen, ein hervorragender Politiker, wie es Sir Charles Dilke ist, den wir gerade über diese Fragen hörten, meine Herren, solche Leute, die wollen den Staat auch eingreifen lassen, und sie haben uns, vielleicht mit Prophetenblick, gesagt: es werden nur wenige Jahre darüber hingehen, so werden die staatssozialistischen Ideen in England auch Fuß fassen, sie werden sich weiter verbreiten, alle politischen Parteien — gegenwärtig sind es nur die Radikalen, die den Strang ziehen — werden gezwungen werden, gerade so, wie bei Ihnen auf dem Kontinent, eine nach der anderen diesen staats=sozialistischen Ideen aus Schmeichelei gegen die unteren Schichten der Bevölkerung nachzugeben, und so würde auch für England der Staats=sozialismus hereinbrechen, viel rascher, als alle die Herren, die an den alten Prinzipien fest hingen, sich gegenwärtig träumen ließen. Doch nun zum Schluß! Wenn auch ich mich enthalte, irgend welche Schlußfolgerungen in der Weise zu ziehen, daß ich bestimmte Lösungen vorschlage, so meine ich, können wir doch einen Schluß aus unserer Reise folgern: daß eine direkte Uebertragung der englischen auf unsere Verhältnisse unmöglich ist, daß wir aber wohl hoffen dürfen, daß wir bei der zweifellosen, fortschreitenden Entwickelung der Gegensätze zwischen Arbeit und Kapital an Hand der bitteren Erfahrungen, die England durch Jahrzehnte der Kämpfe hat machen müssen, uns vor manchem Irrthum bewahren können, den mangelnde Er=fahrung sonst vielleicht nahegelegt haben würde.